케이크 먹고 헬스하고 영화 보면
기분이 나아질 줄 알았다

/

"CAKE TABETE JIM ITTE EIGAMIREBA GENKINI NARERUTTE OMOTTETA"
by Mental Doctor Sidow
Copyright © 2023 Mental Doctor Sidow
All rights reserved.
Original Japanese edition published by WAVE Publishers Co., Ltd.

This Korean edition is published by arrangement with WAVE Publishers Co., Ltd., Tokyo
in care of Tuttle—Mori Agency, Inc., Tokyo, through Danny Hong Agency, Seoul.

케이크 먹고 헬스하고 영화 보면
기분이 나아질 줄 알았다

멘탈 닥터 시도(Sidow) 지음 | 이수은 옮김

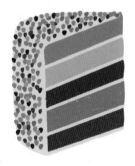

𝔐𝔐𝔐 밀리언서재
Million Publisher

마이크로소프트(MS) 창업자 빌 게이츠

그는 스트레스가 쌓이면 설거지를 한다고 한다.
가장 쉬운 집안일을 하면서 생각을 정리하는 것인데,
지저분한 그릇이 깨끗이 닦인 모습을 보면
마음의 평온을 얻을 수 있기 때문이다.
더불어 작은 성취감은 덤이다.

테슬라 CEO 일론 머스크

그가 스트레스를 해소하는 수단은 책이다.
머스크는 머릿속이 복잡할 때면
책을 손에 들고 9시간 내내 독서에 몰두하며
자기만의 세계로 깊이 들어간다.
심지어 그는 만화책에 빠지기도 한다.

애플의 CEO 팀 쿡

그는 자연으로 나가서 활동하지 않는 것은
죄악이라고까지 말할 정도로 야외 활동을 즐기며
평소에 쌓인 스트레스를 해소한다.
자전거를 타고 달리면 마음이 안정되고,
머릿속이 신선한 공기로 채워진다고 한다.

"단 몇 분이라도 산책을 하거나 밖에서 식사를 해보세요.
나무, 새소리, 바람을 느끼면 마음을 다스릴 수 있고,
스트레스를 줄이는 데 큰 도움이 됩니다.
하이킹, 낚시, 별 관찰과 같은 취미도 좋고,
정원 가꾸기나 자연 속 산책과 피크닉도
스트레스를 벗어나는 좋은 방법입니다."

제러드 호킨스(유타주립대학교 교수, 치료사)

달달한 케이크에
내 기분도 녹아내리려나?

당신은 스트레스가 쌓였을 때 무엇을 하면서 기분을 푸나요?

내 몸이 지칠 정도로 운동을 해서 잡생각을 물리치거나, 달콤한 것을 먹으며 기분을 달래거나, 그것도 아니면 아무 생각 없이 잠을 자기도 할 것입니다. 스트레스를 푸는 방식은 사람마다 다양할 테니까요.

하지만 이렇게 하는데도 기운이 나지 않고 오히려 더 힘들어지는 경우가 있지 않나요?

저도 예전에는 스트레스를 풀기 위해 술을 마시러 가곤 했습니다. 술을 잔뜩 마시면 잠시 힘든 일을 잊을 수는 있었죠. 하지만 다음 날 숙취로 후회하거나 술에 취해서 했던 행동들이 떠올라 자기혐오에 빠지면 오히려 더욱 스트레스를 받았습니다.

이처럼 스트레스가 풀리는 것 같아도 사실은 그다지 효과가 없는 방법, 오히려 괜히 마이너스가 될 가능성이 있는 방법들이 꽤 많습니다.

요즘은 구글에 '스트레스 해소법'이라고 검색하면 수만 가지 방법들이 나옵니다. 물론 개중에는 효과적인 것도 있지만, 애초에 잘못된 정보이거나 자세히 들여다보면 구체적인 방법이 아닌 경우도 많죠.

그런 현실에 올바른 스트레스 해소법을 정리할 필요가 있다는 것을 절실히 느끼고 이 책을 집필했습니다. 저도 정신과 의사가 되고 나서 스트레스를 좀 더 깊이 공부하고 잘 대처하게 되면서 삶의 질이 꽤 높아졌다고 느낍니다.

그 효과는 정신 건강뿐만 아니라 신체에까지 영향을 미칠 정도입니다. 퇴근 후 피곤해서 무기력해지는 일이 줄고, 피부 트러블도 없어져서 '젊어진 것 같다', '생기 있어 보인다'는 말을 들을 때가 많거든요.

여러분은 혹시 '스트레스 해소'라는 명목으로 충동구매나 폭음, 폭식을 하고 있지 않나요?

스트레스를 받으면 일단 달달한 케이크를 양껏 먹거나 멍하니 영화를 틀어놓지 않나요?

어쩌면 그러한 습관은 도리어 스트레스를 늘리는 악순환을 만들고 있는지도 모릅니다. 일반적인 스트레스 해소법도 그 사람에게 맞지 않거나 주의 사항을 명심하지 않으면 아무런 효과가 없을 뿐 아니라 오히려 역효과가 납니다.

정신과 의사로서 말씀드리면, 현대사회에서 스트레스를 완전히 없애는 것은 무리라고 생각합니다. 그러므로 완전히 없애기보다 초반에 스트레스를 잘 푸는 것, 오히려 스트레스를 같은 편으로 만드는 것이 중요합니다.

단, 그 방법을 배우기만 해서는 아무 소용 없습니다. 중요한 것은 얼마나 내 것으로 만들 수 있는가 하는 점입니다.

이 책을 통해 올바른 스트레스 해소법을 전할 수는 있지만, 그것을 실천할지 말지는 여러분에게 달려 있습니다.

전부 다 실천할 필요는 없습니다. 일단 눈에 들어오는 내용, 부담 없이 시작할 수 있는 것부터 시도해보세요. 한번 해본 다음 나한테 맞는다면 계속해봅시다. 행동으로 옮김으로써 새로운 방식이 내 안에 자리 잡으면 평소에도 자연스럽게 실천할 수 있을 것입니다.

행동뿐만 아니라 사고방식도 마찬가지입니다. 평소에 인지함으로써 상황을 받아들이는 방식을 바꿀 수 있습니다. 그러면 스트레스를 덜 받게 되고, 스트레스 자체의 타격도 줄일 수 있습니다.

스트레스를 덜 받거나 잘 해소하는 체질로 만들면, 분명 삶이 지금보다 편안해지고 더 건강해질 것입니다. 그러면 내가 할 수 있는 일의 선택지가 늘어나고, 나아가 일상이 더 풍성해지겠죠.

오늘 하루를 편안하고 풍요롭게 만드는 데 조금이나마 도움이 된다면 그보다 좋은 일은 없을 것입니다.

멘탈 닥터 시도(Sidow)

Part 02

스트레스를 막아줄
무적의 백신 만들기

Part 03
·
최악의 상황에서도
심신이 무너지지 않는 예방법

〰〰〰〰〰

Part 04

•

오늘의 불쾌감이
내일로 이어지지 않는 극약 처방

〰〰〰〰〰

어떤 스트레스를 받았느냐에 따라
몸의 반응이 달라진다.

몸속에서 어떤 일이 벌어지는지를 알면
어렴풋하던 스트레스의 이미지도 명확해져서
보다 냉정하게 대처할 수 있다.

PART
01

왜 기분이 안 좋은지
정확히 알아야 한다

단지 기분이
안 좋을 뿐?

요즘 매일같이 접하게 되는 단어가 바로 '스트레스'입니다. 직장에서 피곤할 때, 인간관계가 마음처럼 되지 않을 때, 자꾸 속상한 일이 생길 때……. 누구나 일상을 살아가면서 스트레스를 겪는 순간을 맞이합니다.

그만큼 여러분에게도 친숙한 스트레스.

그렇다면 스트레스가 대체 무엇인지, 제대로 알고 있나요?

'저 사람하고는 사고방식이 달라서 이야기를 나누는 것 자체가 스트레스야.'

'컨디션이 좀 안 좋은데, 스트레스 때문인가 봐.'

'나는 방이 지저분하면 스트레스를 받는 편이야.'

이런 식으로 인간관계가 잘 안 풀리거나 몸 상태가 안 좋은 원인, 특정 상황에서 불쾌감을 느끼는 것을 '스트레스'라고 부르는 사람들이 많습니다.

하지만 실제로 '스트레스'라는 단어의 의미나 발생하는 원인, 어떤 과정으로 스트레스가 쌓이는지 제대로 알고 있는 사람은 그리 많지 않을 것입니다. 하물며 올바른 스트레스 해소법을 실천할 수 있는 사람은 정말 드물겠죠.

"상대를 알고 나를 알면 백번 싸워도 위태롭지 않다(知彼知己 百戰不殆)."

중국 전국시대 오(吳)나라의 전략가 손무(孫武)가 지은 《손자 (孫子)》에 나오는 말입니다. 스트레스 해소법도 이와 비슷하다고 할 수 있습니다.

스트레스란 무엇인지, 또 자신이 어떤 성향을 지녔는지를 알면 스트레스에 무너지지 않는 멘탈을 손에 넣을 수 있습니다.

다른 사람이 실천해서 효과를 봤다거나 책과 인터넷에 소개된 스트레스 해소법을 실천해봐도 효과를 거두지 못하는 것은 스트레스에 대한 오해 때문인지도 모릅니다. 혹은 그 방법이 자신의 성향과 맞지 않는 것인지도 모르죠.

먼저 스트레스가 무엇인지 알고 난 다음, 나에게 맞는 올바른 스트레스 해소법을 찾아봅시다.

왜 기분이 안 좋은지
생각해본 적이 있을까?

'여러 외부의 자극이 부담으로 작용할 때 심신에 생기는 기능 변화.'

스트레스의 사전적 의미입니다.

여기서 주목할 점은 스트레스란 본래 '기능 변화'를 가리킨다는 것이죠. 일이나 인간관계 등 스트레스를 일으키는 '외부 자극'을 일컫는 것이 아닙니다.

예를 들어 '사고방식이 다른 사람하고는 대화를 나누는 것 자체가 스트레스'라고 말하는 사람을 볼까요? '저 사람과 대화함으로써 지금까지 평온했던 내 마음이 변화했다'라는 상태의 변화가 스트레스인 것이지, '저 사람과 대화하는 것' 자체가 스트레스는 아니라는 뜻입니다.

평온한 상태

변화
(스트레스)

스트레스를 일으키는 원인을 '스트레스 인자' 또는 '스트레서 (stresser)'라고 부릅니다. 우리가 매일 사용하는 '스트레스'라는 단어는 본래 의미와 약간 다르다는 것을 알 수 있습니다.

'저 사람과 대화하는 것' 자체를 스트레스로 여긴다면 그저 불쾌함을 느낄 뿐입니다. 하지만 스트레스를 일으키는 '원인'으로 본다면 그에 대처하면 된다는 것을 알게 되니 마음이 조금 편해질 것입니다.

또 흔히 스트레스의 원인이라고 하면 자연스럽게 심리적인 것을 상상하는 경우가 많습니다. 하지만 실제로는 더 넓은 의미에서 물리적인 것도 포함돼 있습니다.

구체적으로는 추위와 더위, 소음, 공복, 감염 등입니다. 심리적인 원인까지 포함하여 그 원인이 지속되어 심신이 정상 상태를 유지할 수 없는 경우를 스트레스라고 할 수 있습니다.

좀 더 자세히 설명하자면 인간의 몸에는 항상성(호메오스타시스, homeostasis)이라는 기능이 갖춰져 있습니다. 항상성이란 '어떤 환경에서도 몸이 어느 정도 일정한 상태를 유지'하는 것입니다. 그런데 이것이 흐트러지면 스트레스가 나타납니다.

이를테면 사람의 체온, 맥박, 혈압 등은 항상성 때문에 평상시에는 일정하게 유지됩니다. 그런데 더운 곳이나 추운 곳에 오랜 시간 있거나 감염병에 걸려서 체온과 맥박이 정상 범위를 벗어나는 경우가 있습니다.

이렇게 어떤 자극을 받아 심신의 기능이 건강한 범위를 벗어나는 상태를 스트레스라고 생각하면 이해하기 편할 것입니다.

너한테는 괜찮은 일이
나한테는 스트레스

흔히 이미지가 잘 떠오르는 심리적 스트레스도 마찬가지입니다. 그것이 정상적인 심신 상태를 흐트러뜨린다면 확실히 스트레스를 받았다고 볼 수 있습니다.

다만 심리적인 경우는 개인차가 아주 커서 특정 사건에 스트레스를 받는지 안 받는지는 사람에 따라 다릅니다.

이를테면 직장에서 상사에게 꾸중을 들었다고 했을 때 그 일로 하루 종일 괴로워하는 사람이 있는가 하면, 그다지 개의치 않으며 감정적인 영향을 거의 받지 않는 사람도 있습니다.

또 일반적으로는 반갑다고 여길 일이 그 사람에게는 스트레스로 느껴지는 경우도 있습니다. 회사에서 승진한 것은 보통 좋은 일인데, 책임감이 커지는 것에 오히려 부담감을 느끼는 사람도 있죠. 결혼하면 보통은 행복해하는데 새로운 생활에 대한 불안감 때문에 우울해지는 이른바 메리지 블루(marriage blue)도 있습니다.

이런 심리적 스트레스는 받아들이는 방식이나 정도의 차이가 사람마다 다르고, 물리적 스트레스가 미치는 영향도 즉시 나타나지는 않습니다. 따라서 누구에게나 효과적이고 금방 효과를 볼 수 있는 대처법은 없습니다.

먼저 명심해야 할 점은 스트레스의 원인에 대처하는 것입니다. 스트레스는 자극 그 자체가 아닌 자극으로 일어나는 변화를 말합니다. 그래서 원인이 되는 자극에 접근하는 것이 중요한 것이죠. 이것을 '스트레스 코핑(stress coping)'이라고 합니다.

쌓인 스트레스를 원만하게 해결하는 것도 스트레스 코핑에 들어갑니다.

일차적으로 스트레스의 원인을 가급적 줄이고 쌓인 스트레스를 초반에 해소한다면 스트레스에 잘 대처할 수 있을 것입니다.

그놈의 코르티솔이 문제야!

스트레스는 자극 그 자체가 아닌 '기능 변화'라고 했습니다. 그렇다면 우리 몸속에서는 어떤 변화가 일어나고 있을까요?

그 변화는 스트레스의 종류에 따라 약간 다릅니다.

먼저 스트레스는 지속 기간에 따라 '급성 스트레스'와 '만성 스트레스' 두 종류로 나뉩니다.

급성 스트레스란 지속 기간이 짧은 스트레스입니다. 갑작스러운 변화와 위기 상황을 마주한 경우에 해당합니다. 예를 들어 자연재해를 겪거나, 누군가 놀라게 하거나, 갑작스럽게 충격적인 말을 들은 경우 등입니다.

한편 만성 스트레스는 지속 기간이 긴 스트레스로, 생활환경에 관련된 경우가 많은 것이 특징입니다. 이를테면 학교와 사회에서 인간관계에 어려움을 겪고, 잠을 제대로 자지 못해서 피로가 쌓이고, 새 학기를 맞아 새로운 환경에 적응하기 어려운 경우가 해당합니다.

그리고 어떤 스트레스를 받는지에 따라 몸의 반응도 달라집니다.

급성 스트레스를 받았을 때 몸에 일어나는 반응은 '투쟁'이나 '도망'입니다.

원래 인간은 수렵 생활을 했기 때문에 예측하지 못한 사태가 일어났을 때는 선천적으로 곧장 몸이 반응해서 싸울지 도망칠지를 판단하고 그에 따른 행동을 하도록 되어 있습니다. 이때 크게 관여하는 몸의 부위가 자율신경의 일종인 교감신경입니다.

교감신경은 인간을 흥분 상태로 만드는 작용을 합니다. 그래서 급성 스트레스가 일어나면 교감신경이 우위를 점해 아드레날린과 노르아드레날린 등의 신경전달물질이 방출됩니다. 그 결과, 동공이 풀리고, 심장박동수가 증가하고, 호흡이 빨라지며, 혈압이 오르고, 위나 장, 방광 등 내장의 기능이 저하됩니다. 몸이 흥분 상태가 됨으로써 불의의 상황에 빠르게 대응할 수 있도록 체내 환경이 재빠르게 변화하는 것입니다.

갑자기 충격적인 말을 들었을 때 가슴이 두근거리거나 입이

바싹 마른 경험이 있지 않나요? 그것이 바로 급성 스트레스를
받고 교감신경이 우위를 점한 상태입니다. 하지만 잠시 뒤에 다
시 안정돼 정상 상태로 돌아가는 것이 일반적입니다.

폭주하는 호르몬을
제압하라

한편 만성 스트레스는 한 호르몬의 과잉 분비로 심신이 불안정
한 상태가 되는 것입니다. 바로 부신피질에서 분비되는 '코르
티솔'이라는 호르몬입니다.

원래 코르티솔은 대사를 촉진하고, 면역을 억제하고, 염증을
방지하는 등 우리 몸이 스트레스에 대항하는 데 도움을 줍니
다. 그러나 스트레스가 장기화되면 코르티솔의 양이 만성적으
로 늘어나 오히려 몸에 안 좋은 작용을 일으키는 것이죠.

코르티솔의 분비량이 늘어나면 고혈압, 당뇨병, 이상지질
혈증 등 생활습관병의 위험이 커지는 데다 우울증, 불안장애,
PTSD(외상후 스트레스 장애) 등 정신질환의 발병과 연관이 있다
고 합니다. 원래대로라면 우리 몸을 지켜야 할 호르몬이 만성
스트레스로 인해서 통제력을 잃고 폭주하고 마는 것입니다.

급성 스트레스　　　　　만성 스트레스

그래서 코르티솔을 '스트레스 호르몬'이라고도 부릅니다.

교내 질서를 바로잡아야 할 선도부원이 마음만 앞선 나머지 주위의 반발을 사서 공연히 교내 질서가 무너지는 듯한 느낌인 것이죠.

이렇듯 몸속에서 어떤 일이 벌어지는지를 알면 어렴풋하던 스트레스의 이미지도 명확해져서 보다 냉정하게 대처할 수 있을 것입니다.

스트레스를
내 편으로 만들기

'적당한 스트레스는 일상생활에 필요하다.'

이런 말을 들어봤을 겁니다.

스트레스는 부정적인 의미로 사용되는 경우가 많습니다. 그렇다면 실제로는 좋은 것일까요, 아니면 정말 나쁜 것이기만 할까요?

우리가 매일 받는 스트레스에는 물리적인 것과 심리적인 것이 있다고 했습니다.

물리적 스트레스는 되도록 적어야 더 건강하게 살 수 있습니다. 계속해서 혹한이나 무더위에서 지낸다거나, 극단적으로 밝은 장소나 시끄러운 장소에서 생활하는 것은 몸에 큰 부담이 되므로 가급적 피하는 것이 바람직합니다. 몸의 항상성을 유지해야 하니까요. 물리적인 스트레스는 좋다고 볼 수 없는 것이죠.

한편으로 좋은 쪽, 나쁜 쪽, 어느 쪽이든 될 가능성이 있는 것은 심리적인 스트레스입니다. 동일한 상황에서도 그걸 스트레스로 느끼는지 아닌지 사람마다 다르기 때문입니다.

다만 스트레스를 느끼는 방식보다 더 중요한 것은 '스트레스를 받아들이는 방식'입니다.

로체스터대학교 심리학자 제러미 제이미슨이 스트레스의 효과에 관해 실시한 연구에 따르면, 시험 전에 '스트레스를 받으면 시험 결과가 좋다는 연구 결과가 있다'라는 얘기를 들은 학생이 그렇지 않은 학생에 비해 시험에서 고득점을 받았다고 합니다.

'스트레스는 긍정적으로 작용한다'라는 인식을 가지는 것만으로도 스트레스가 긍정적인 성과를 불러오는 것이죠.

예를 들어 동아리 활동에서 중요한 대회가 있거나 회사에서 중요한 프레젠테이션을 하기 전날은 너무 긴장한 나머지 큰 스트레스를 받는 상황입니다. 그럴 때 '엄청 긴장된다! 어떻게든 마음을 가라앉혀야 하는데!'라고 생각하는지, '적당히 긴장된 느낌이야. 좋은 징조인데!'라고 생각하는지에 따라 실제로 그 후의 결과가 달라진다는 것입니다.

　많은 사람들이 스트레스를 좋지 않은 것, 적으면 적을수록 좋은 것이라고 생각합니다. 하지만 오히려 적당한 스트레스가 자신을 발전시키고 성장하는 데 도움이 된다고 여긴다면 스트레스를 내 편으로 삼을 수 있습니다.

　다만 이렇게 받아들이는 방식을 바꿔도 긍정적으로 전환할 수 없는 스트레스, 이를테면 상대의 폭력, 괴롭힘 등은 몸과 마음에 커다란 상처를 남기므로 어떻게든 피해야 합니다.

이것저것 해봐도
기분이 풀리지 않을 때

스트레스나 피로를 풀기 위해 뭔가를 했는데 실제로는 크게 효과가 없거나 오히려 스트레스가 더 심해지는 경우가 종종 있습니다. 인터넷이나 잡지, 책에 나오는 다양한 '스트레스 해소법'이 내가 했을 때도 효과가 있는지 의심스럽기도 합니다.

이 책에서는 잘못된 정보나 자신에게 맞지 않는 방법에 휘둘리지 않도록 스트레스에 관한 올바른 지식과 실제로 효과적인 스트레스 해소법을 전해드리고자 합니다.

스트레스와 좋은 관계를 유지하려면 2가지가 중요합니다.

- 가능한 스트레스를 쌓아두지 말 것
- 적절하게 스트레스를 해소할 것

스트레스를 이해하고 되도록 쌓아두지 않는 환경을 조성하고 혹시 스트레스가 쌓이더라도 적절한 해소법을 실천할 수 있다면 보다 쾌적한 삶을 누릴 수 있을 것입니다.

이 책에 쓰여 있는 것이 전부라고 여기지 말고, 이 내용을 힌트 삼아 나에게 맞는 방법을 찾아 실행해보세요.

스트레칭과 스트레스는 그 유래가 같다.
스트레스는 스트레칭처럼 '늘어난',
즉 과부하가 걸린 상태가 지속될 때 쌓이기 쉬운 것이다.

따라서 평소에도 과부하가 걸리지 않도록 유의하는 것이
스트레스가 쌓이지 않는 습관을 길들이는 첫걸음이다.

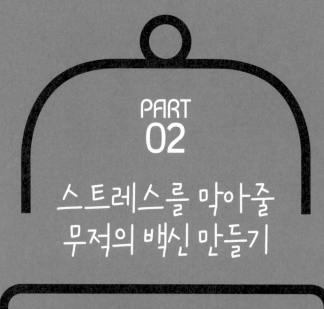

PART
02

스트레스를 마아줄
무적의 백신 만들기

기분도 감기처럼
백신 접종이 가능하다

스트레스와 좋은 관계를 유지하려면 첫째, 스트레스를 '쌓아두지 않는 것', 둘째 스트레스를 '해소하는 것'이 중요합니다. 여기서 좀 더 유의해야 할 점은 스트레스를 '쌓아두지 않는' 것입니다.

예를 들어 다이어트를 생각해봅시다. 몸무게를 '감량하는 것' 보다 애초에 '살이 찌지 않게 하는 것'이 더 쉽죠. 또 감기도 대부분 '회복하는 것'보다 애초에 '걸리지 않는 것'이 더 쉽습니다.

이처럼 상태가 나빠지고 나서 원래 상태로 되돌리기보다 처음부터 그 상태가 되지 않도록 하는 편이 오히려 간단한 경우가 많습니다.

스트레스도 마찬가지입니다. 스트레스를 푸는 것보다 처음부터 스트레스가 쌓이지 않도록 하는 것이 오히려 쉽습니다.

그러므로 평소에 스트레스를 '예방'하는 데 유의해야 합니다.

게다가 일단 스트레스가 쌓이면 그것을 해소하기가 쉽지 않습니다.

스트레스가 쌓이기 시작하면 정신뿐만 아니라 몸에도 부정적인 영향이 나타납니다. 스트레스가 쌓였을 때는 평소보다 건강하지 못한 상태가 되는 것이죠. 스트레스가 축적되면 피로가 잘 풀리지 않거나 몸이 나른해지기도 합니다.

이런 상태에서는 스트레스를 풀고 싶어도 쉽지 않은 경우가 많습니다. 건강한 상태로 5킬로미터를 달리는 것과 감기에 걸린 상태로 5킬로미터를 달리는 것을 비교해보세요. 당연히 감기에 걸렸을 때 달리는 것이 훨씬 더 힘들겠죠.

스트레스가 쌓인 뒤에 해소하기보다 평소에 스트레스가 쌓이지 않도록 유의하는 것이 더 수월하고 효율적입니다.

스트레스 바이러스에
걸리지 않도록

모든 스트레스를 컨트롤할 수 있다면 이 세상에 아무런 고민이 없을 겁니다. 하지만 '스트레스를 쌓아두지 말아야지'라고 매일 다짐해봐도 쉽지 않은 일이죠.

모든 스트레스를 컨트롤할 수는 없습니다. 하지만 감기 예방을 위해 평소에 손을 씻고 소독하는 것처럼 스트레스가 쌓이지 않도록 실천할 수 있는 예방책이 있습니다.

그러려면 먼저 왜 스트레스가 쌓이는지 그 메커니즘을 알아야 합니다.

손 씻기와 소독이 감기 예방에 효과적인 이유는 감기의 원인이 되는 세균과 바이러스가 부착되고 침입하는 것을 막기 때문입니다. 그와 마찬가지로 스트레스에 있어서 세균 및 바이러스가 무엇이며, 또 그것들이 우리의 몸에 어떤 영향을 미치는지를 모르고 막연히 대처하는 것만으로는 스트레스에 대한 예방책으로 충분하다고 볼 수 없습니다.

우선 적을 알기 위해 스트레스의 메커니즘에 대해 살펴봅시다.

얼마나 많이, 얼마나 자주, 얼마나 오래 스트레스를 받는가?

스트레스를 쌓아두지 않아야 좋다는 것은 누구나 알고 있습니다. 하지만 스트레스는 어느새 쌓여 있는 경우가 많습니다.

우리는 일상생활에서 여러 가지 스트레스를 받습니다. 하지만 대개는 금방 잊어버리거나 몸이 적응할 정도의 미미한 수준입니다.

이를테면 타려고 했던 지하철을 눈앞에서 놓쳤을 때, 그 순간에는 '탔어야 했는데!'라고 스트레스를 느끼지만 바로 다음 열차를 타면 그 스트레스는 어느새 잊어버립니다.

또 시끄러운 소리와 지나치게 눈부신 조명 등도 몸에 스트레스를 주지만 이내 몸이 적응하면 동일한 자극에도 큰 스트레스를 느끼지 않게 됩니다. 이런 정도의 스트레스라면 일상에 지장을 주지 않는 데다 특별한 대처도 필요 없을 것입니다.

하지만 현실적으로는 매일 엄청난 스트레스를 느끼는 사람들이 많습니다.

한 번도 아니고 두세 번이면
참기 힘든 법

그렇다면 스트레스는 언제 쌓이는 걸까요?

그것을 결정짓는 요소는 3가지입니다. '스트레스 정도', '스트레스 횟수', '스트레스 지속 시간'입니다.

'스트레스 정도'란 스트레스의 크기를 말합니다. 당연히 가벼운 스트레스보다 무거운 스트레스가 축적되기 쉽고, 그 후 심신에 미치는 영향도 큽니다. 사랑하던 연인과 헤어졌거나, 가까운 사람이 세상을 떠났거나, 직장에서 수습하기 어려운 실수를 하는 경우입니다. 당시에도 정신적인 타격이 크고, 이후에도 그 일을 떠올리면 울적해지리라는 것을 쉽게 짐작할 수 있습니다.

'스트레스 횟수'는 스트레스를 얼마나 자주 받느냐 하는 연속성을 말합니다. 설령 가벼운 스트레스라고 해도 몇 번씩 반복되면 조금씩 쌓이게 됩니다. 지하철을 놓치는 것도 한 번이 아니라 하루 두세 번씩 연속된다면 어떨까요? 직장 상사의 잔소리도 하루에 한 번이 아니라 몇 번씩 반복된다면 당연히 스트레스를 느낄 겁니다. 평소에 가볍게 받아넘길 수 있는 사람도 예외가 아닙니다.

심리학에 따르면 인간은 좋은 일이든 나쁜 일이든 횟수를 거듭함에 따라 그 인상이 짙어진다고 합니다. 스트레스가 나타나는 횟수는 곧 스트레스가 쌓이느냐 아니냐와 직결되는 것이죠.

'스트레스 지속 시간'도 마찬가지입니다. 스트레스가 장기간 지속되면 심신에 미치는 영향도 커집니다. 스트레스는 지속 시간에 따라 급성 스트레스와 만성 스트레스로 나뉜다고 했습니다. 만성 스트레스가 급성 스트레스보다 더 쌓이기 쉽고 나중에 영향이 더 크게 나타나는 것이죠.

스트레스는 중증도이며, 횟수가 많고, 지속 시간이 길수록 쌓이기 쉽습니다. 그리고 그것을 방지하려면 그 반대로 해야 합니다. 즉, '스트레스 줄이기', '횟수 줄이기', '지속 시간 짧게 하기' 3가지가 중요한 것이죠.

스트레스가 잘 쌓이는 성격과 환경이 있다

우리는 매일 다양한 사람들을 만납니다. 그중에는 스트레스를 전혀 받지 않는 듯한 사람과 스트레스를 지나치게 많이 받는 듯한 사람들이 있습니다.

그 차이는 어디서 비롯되는 걸까요?

스트레스를 많이 받느냐 아니냐는 '성격'과 '환경'에 따라 달라지는 경우가 많습니다.

'성격'과 스트레스를 받는 정도는 밀접한 관계가 있습니다.

예를 들어 매사에 건성이며, 낙천적이고, 여유롭고, 명랑한 성격이 스트레스를 잘 받지 않는다는 것을 쉽게 짐작할 수 있습니다. 반대로 섬세하고, 비관적이고, 자발적이며, 완벽주의 성격은 스트레스를 받기 쉬운 성향입니다.

이런 성격은 어린 시절부터 성인이 되어서도 크게 변하지 않습니다. 따라서 스트레스를 잘 받느냐 아니냐는 그 사람의 원래 기질이 크게 영향을 미친다고 할 수 있습니다. 하지만 타고난 기질만으로 결정되는 것이 아닙니다. 동시에 '환경'도 커다란 영향을 미칩니다.

환경이란 현재 시점에서 영향을 미치는 상황뿐만 아니라 어린 시절부터 경험해온 것들까지 포함합니다. 여러분 주위에도 대학에 들어가고 나서 성격이 밝아졌다거나, 이직하면서 갑자기 착실해진 사람을 볼 수 있을 겁니다. 이처럼 환경에는 그 사람의 성격을 바꾸는 힘이 있기에 스트레스를 받는 정도에도 영향을 미치는 것이죠.

물론 그 당시에 처한 환경도 관계가 있습니다. 쾌적한 근무 환경일 때나 부담 없는 업무일 때는 스트레스를 덜 받고, 마음이 불편하거나 부담이 큰 직장에서는 스트레스를 더 많이 받는 것이 당연합니다. 이처럼 환경이 좋지 않을수록 스트레스는 점점 쌓여갑니다.

너무 예민해도,
너무 둔해도 문제

여기서도 성격이 영향을 미칩니다. 동일한 환경일지라도 스트레스를 잘 받는 성격이면 스트레스를 더 많이 쌓아두게 됩니다.

그렇게 생각하면 스트레스를 잘 받는 성격인 사람은 스트레스에서 벗어날 수 없을 것만 같다는 생각이 들기도 합니다. 하지만 꼭 그렇지는 않습니다.

스트레스를 잘 받는 사람이라도 스트레스의 징후를 알아채고 정기적으로 해소하면 큰 문제가 되지 않습니다. 스트레스를 잘 받는 사람은 민감한 만큼 초반에 빨리 깨닫고 잘 대처할 수 있을 것입니다.

반대로 스트레스를 잘 받지 않는 성격인 사람은 주변 환경의 영향으로 어느새 과도한 스트레스에 노출되기도 합니다. 특히 '나는 스트레스를 잘 받지 않는 성격이야'라고 생각하는 사람일수록 오히려 스트레스의 징후에 둔감해져서 자기도 모르는 사이 심신 모두에 타격을 입기가 쉬운 것이죠.

기분이 몸속 호르몬을 자극할 때

사람들은 스트레스를 초기에 알아차리기 어렵다고 합니다. 하지만 스트레스를 받으면 몸과 마음에 모종의 변화가 나타납니다. 그리고 그 징후는 평소 생활을 잘 관찰해보면 알 수 있죠.

먼저 스트레스가 쌓인 상태의 징후로 가장 흔한 것은 '수면'의 변화입니다.

불면은 비교적 알기 쉬운 징후라고 할 수 있습니다. 그 외에도 악몽을 꾸거나, 이를 갈거나, 잠버릇이 나빠지거나, 경우에 따라서는 잠을 지나치게 많이 자는 것도 스트레스가 원인일 가능성이 있습니다.

특히 생활 리듬의 불균형, 시차로 말미암은 피로, 신체 질환, 수면 환경의 변화, 카페인 섭취 등의 요인이 없는데도 잠들기 어렵거나 반대로 잠을 지나치게 많이 잔다면 모종의 스트레스가 원인이라고 할 수 있습니다. 그럴 때는 평소에 비해 스트레스를 느끼기 쉬운 상황이 아닌지 되돌아봅니다.

이를 갈거나 잠버릇이 안 좋은 것은 본인이 알아채기 어려운 경우도 많습니다. 자신이 잠잘 때 어떤 상태인지 봐줄 수 있는 가족이나 파트너가 있다면 물어보는 것도 좋습니다.

최근에는 수면의 깊이를 측정하는 앱이나 기기 등도 판매되고 있으니 그걸 사용해서 숙면을 취하고 있는지 관측하는 것도 좋은 방법입니다.

잠을 충분히 자는 것 못지않게 수면의 질도 중요합니다. 충분히 잠을 자는데도 연일 계속해서 낮에 잠이 쏟아지는 사람은 자신의 수면을 측정해봅니다.

식욕 브레이크가
고장 났을 때

스트레스가 쌓였다는 징후로 들 수 있는 또 한 가지는 '식사'의 변화입니다.

평소에 비해 식욕이 없거나, 반대로 과식하는 경우도 스트레스와 관련이 있습니다. 많은 사람들이 스트레스를 받으면 식욕이 떨어지거나 반대로 식욕이 폭발해서 너무 많이 먹게 되는 경험을 한 적이 있을 것입니다.

식욕 부진과 과식은 정반대 현상인데, 왜 둘 다 스트레스에 의해 일어나는 걸까요? 그 이유는 신경계와 호르몬의 작용 때문입니다.

먼저 급성 스트레스가 발생하면 자율신경 중 교감신경이 활발해집니다. 교감신경은 심장박동수를 증가시키거나 혈압을 상승시키고 동시에 내장 기능을 억제합니다. 이 경우 위 점액 분비가 저하되어 소화 능력이 떨어지면 결과적으로 식욕이 감퇴합니다. 스트레스로 복통이나 위궤양이 생기는 것도 교감신경이 작용한 영향이죠.

그러나 급성 스트레스가 해소되면 반대로 부교감신경이 우위를 점해 식욕이 늘어납니다. 그 차이가 클수록 과식하게 될 가능성도 커집니다. 긴장되는 업무를 마치면 폭음과 폭식을 하고 싶어지는 것은 자율신경의 작용 때문입니다.

스트레스 호르몬인 코르티솔도 마찬가지로 극단적인 식생활의 원인이 됩니다. 스트레스가 장기간 이어지면서 분비되는 코르티솔은 식욕을 억제하는 호르몬인 '렙틴'의 분비를 억제하는 작용을 합니다. 렙틴이 적절히 분비된 상태에서는 포만 중추가 자극을 받아 식욕이 억제되지만, 코르티솔의 작용으로 렙틴의 분비가 줄어들면 식욕의 브레이크가 말을 듣지 않게 되는 것이죠.

식사에 관한 스트레스의 징후는 평상시의 식사 횟수나 식사량과 비교해보면 쉽게 파악할 수 있습니다. 혹시 변화가 있다면 주위 환경을 되돌아보는 것이 좋습니다.

괜히 우울한 날이
늘어날 때

수면이나 식사처럼 신체적으로 드러나는 스트레스 징후는 비교적 알기 쉽습니다. 반면에 알아채기 어려운 것이 정신적인 징후입니다.

스트레스가 쌓이면 정신 건강에 다양한 영향을 미칩니다. 이를테면 불안감이 심해지고, 짜증이 나고, 기분이 처지고, 집중력이 떨어지고, 의욕이 없어지고, 부정적으로 변하기도 합니다. 이런 징후는 우울증 증세와 거의 비슷하다고 할 수 있습니다.

물론 스트레스를 받자마자 우울증에 걸리지는 않습니다. 다만 스트레스가 쌓였을 때 나타나는 정신적 변화와 우울증 증상이 대체로 일치합니다. 그래서 우울증 방지를 위해서라도 스트레스를 예방하고 쌓아두지 않는 것이 중요하다는 걸 기억해둡시다.

하루 이틀 사이에 저절로 좋아지거나 적절히 해소할 수 있는 정도의 스트레스라면 문제없습니다. 하지만 스트레스가 장기화되거나 해결할 수 없는 상태가 지속되면 우울증으로 이어질 수 있으므로 적절히 해소하는 습관을 들이는 것이 좋습니다. 그날그날의 스트레스를 쌓아두지 말고 바로바로 해소하도록 하세요.

쌓아두지 않는 요령은 완벽을 추구하지 않는 것

'스트레스가 쌓이지 않게 하는 습관'이라고 하면 어떤 것이 먼저 떠오르나요?

매일 정해진 시간에 일어나기, 주 3회 이상 운동하기, 하루 세끼 균형 잡힌 식사하기, 매일 6시간 이상 자기, 하기 싫은 일 하지 않기……. 이런 내용들이 생각날 것입니다.

그럼 이런 습관을 기르면 스트레스가 전혀 쌓이지 않을까요?

아닐 것입니다. 오히려 완벽히 한다고 하다 보면 점점 지쳐서 부담을 느낄 것입니다. 그보다 우선 매일 실행하기가 쉽지 않겠죠.

평소에 이런 습관들을 실천할 수 있는 사람이라면 애초에 이 책을 손에 들지 않았을 겁니다. 물론 이런 습관들은 참 중요하니다. 하지만 수면 시간을 확보하지 못하는 사람, 폭음과 폭식을 해버리는 사람, 원하지 않는 업무를 떠맡은 사람도 힘든 상황에서 스트레스 없이 실천할 수 있는 습관을 함께 배워보겠습니다.

'스트레칭'이란 단어는 '늘리다'라는 뜻입니다. 사실 스트레칭과 스트레스는 그 유래가 같습니다.

스트레스는 스트레칭처럼 '늘어난', 즉 과부하가 걸린 상태가 지속될 때 쌓이기 쉬운 것입니다. 따라서 평소에도 과부하가 걸리지 않도록 유의하는 것이 스트레스가 쌓이지 않는 습관을 길들이는 첫걸음입니다.

아침마다 제때 일어나고, 주 3회 이상 운동하고, 끼니마다 영양소 섭취에 신경 씁니다. 이걸 자연스럽게 실천할 수 있다면 문제없지만, 과부하가 걸릴 경우 이것을 지속하는 것이 오히려 스트레스를 유발할 수 있습니다.

그러므로 뭔가 습관화하려면 지금의 내가 할 수 있는 것보다 '아주 약간' 높은 단계의 목표를 설정해야 합니다. 그 단계가 수월해지고 나면 그다음 목표를 정합니다.

이렇게 목표를 정하고 나서 명심해야 할 점이 2가지 있습니다. 하나는 '하지 않을 일 계획하기', 다른 하나는 '원하지 않는 일에 대한 마음가짐 달리하기'입니다.

'하는 것'보다
'하지 않는 것'이 더 쉽다

첫 번째, 할 일이 아닌 '하지 않을 일 계획하기'입니다.

사람은 어떤 습관을 들이려고 할 때 '매일 30분씩 걷기', '일주일에 한 번 헬스장 가기' 등 '할 일'을 계획합니다. 하지만 할 일을 계획할 경우, 중간에 한 번 못 하는 날이 있으면 그대로 포기해버립니다. 그러면 습관을 들이지 못하게 되겠죠.

그래서 권장하는 것이 '하지 않을 일 계획하기', 즉 내 생활에 마이너스가 되는 행동을 개선하는 것입니다.

하지만 여기서 주의해야 할 점은 완전히 끊으려고 하지 않는 것입니다. 예를 들어 폭음과 폭식을 멈추고 싶을 때 '폭음과 폭식을 하지 말자'라고 생각하는 것이 아니라 '폭음과 폭식을 하더라도 주 1회만 하자'라고 다짐합니다.

개선하고자 하는 행동의 최소한도를 정해두는 것입니다. 그러면 그 행동을 하게 됐을 때의 죄책감도 덜 느끼고, 무엇보다 지속하기 수월해집니다.

그 밖에 다른 건강하지 못한 습관, 예를 들어 흡연이나 밤샘, 과소비 등에도 응용할 수 있으므로 안 좋은 습관을 바꾸는 데 활용하기 바랍니다.

안 좋은 습관이 줄어들수록 생활의 불균형도 개선되고 스트레스도 줄어들기 때문에 결과적으로 선순환을 이루는 데 도움이 됩니다. 그러면 시작할 때는 막막했던 운동이나 규칙적인 수면도 의외로 수월해집니다.

스트레스가 쌓이지 않는 습관 만들기의 첫걸음으로 '하지 않을 일'을 계획해보세요.

힘들어도, 하기 싫어도
해야 한다면?

두 번째, '원하지 않는 일에 대한 마음가짐 달리하기'입니다.

누구나 원하지 않는 일을 해야 하는 순간이 있습니다. 그럴 때 명심할 것은 '이것을 하면 내가 훨씬 더 성장할 수 있다'라는 마음가짐입니다.

예를 들어 갑자기 번거로운 일을 맡으면 스트레스를 받게 됩니다. 그것을 스트레스로 인식한 채로 두면 몸과 마음의 부하가 점점 더 커져버립니다. 스트레스를 받더라도 우선 잠시 숨을 고른 다음 '이걸 하면 어떤 좋은 점이 있을까?' 하고 생각해봅시다.

원하지 않는 업무를 떠맡게 되었을 때는, '작업 효율을 높이는 연습이 된다', '동료에게 도움이 된다', '상사에게 높은 평가를 받을 것이다' 등을 생각해보는 것이죠. 그러면 그저 짜증스럽기만 하던 상황이 자신에게 긍정적으로 작용하는 상황으로 변하게 됩니다.

흔히 '회사에서 성과를 내려면 일에 미쳐라!'라고 말합니다. 하지만 그러한 사고방식에 동의하기 어렵습니다. 무슨 일이든 힘든 일은 힘든 법이고, 싫은 일은 싫은 법입니다. 마음먹은 대로 정말 일에 미칠 수 있다면 평소에 고민할 일도 없겠죠.

그러니까 힘들면 힘들어도 되고, 하기 싫으면 하기 싫어도 괜찮다고, 오직 그 과정을 거쳐서 성장하는 거라고 스스로 마음먹고자 노력하면 됩니다.

스포츠 선수들을 봐도 러닝이나 준비체조 자체를 좋아하는 사람은 소수일 것입니다. 그것들이 기초가 되어 더 큰 성과로 이어진다는 것을 알기에 꾸준히 해나가는 것이죠.

이처럼 원하지 않는 일이라고 해도 어떤 의미를 부여하면 스트레스로 느끼는 정도도 줄어듭니다. 충격을 받거나 힘든 상황이 일어났다는 사실은 변함이 없지만 거기에 어떤 의미를 부여하느냐는 내 자유입니다.

어떤 일이 스트레스로 다가올 때는 한 차례 숨을 고른 다음, 이 일이 내게 무엇을 가져다줄지 생각해보세요.

이것을 가능한 습관화하면 스트레스를 느끼는 방식이 완전히 달라질 것입니다.

예민한 건
내 잘못이 아니다

스트레스를 쌓아두지 않으려면 그 종류에 따라 해소하는 방법을 달리하는 것도 중요한 포인트입니다.

앞에서 설명한 대로 스트레스에는 물리적인 것과 심리적인 것이 있습니다.

물리적인 스트레스는 과도한 빛과 소리, 추위와 더위, 감염증 등 몸의 상태를 해치는 외부적인 자극을 말합니다. 물리적 스트레스에 대처할 때 중요한 점은 그 자극에 내가 적응할 수 있느냐 아니냐를 판단하는 것입니다.

사람들은 타고난 체질이나 성향이 각기 다르므로 같은 자극이라도 허용 가능한 수준에 차이가 있습니다. 더위를 타는 사람이 있는가 하면 추위를 타는 사람도 있고, 통증에 민감하거나 둔감한 사람, 매운 것을 잘 먹거나 못 먹는 사람이 있습니다.

사람마다 외부적인 자극에 대한 반응은 다양합니다. 이를테면 추위를 타는 사람이 추운 지역에 오래 있으면 스트레스를 받고, 반대로 더위를 타는 사람은 추운 지역에서 오히려 쾌적하게 지낼 수 있습니다.

물리적인 스트레스를 받지 않는 요령은 내가 지금 처한 환경이 쾌적한지 또는 적어도 불쾌하지 않은지를 잘 파악하는 것입니다.

쾌적한 환경을
누릴 권리

물리적인 스트레스를 느끼는 환경이라면 모종의 대책을 강구하거나, 경우에 따라서는 환경을 바꿀 필요가 있겠죠.

소리에 무척 민감한 사람이 있었습니다. 그는 동네에서 노는 아이들의 목소리에 짜증이 난다며 상담할 때마다 스트레스를 호소했습니다. 처음에는 아이들이 노는 시간대에 창문과 커튼을 닫아 소리가 최대한 들리지 않게 차단했습니다. 이어폰이나 헤드폰으로 음악을 듣거나, 귀마개를 하고 잠이 드는 등의 대책을 제안했습니다.

　그렇게 해도 견딜 수 없자 그는 이사를 검토하게 됐습니다. 아이들 소리에 대한 민원이 쇄도하지 않은 것을 보면 누구에게나 거슬리는 수준의 소음은 아니었을 겁니다. 하지만 그 사람은 도저히 견디지 못하고 그곳을 떠나기로 했습니다.

　이처럼 지금의 물리적 자극이 내가 허용할 수 있는 범위인지 아닌지를 먼저 살펴본 다음 쾌적한 환경을 조성해나가도록 합시다.

카페라테에
시럽 한 스푼 같은 휴식

물리적인 스트레스를 해소하는 방법은 이미지가 바로 떠오르지만, 심리적인 스트레스는 간단하지 않습니다. 그 이유는 심리적인 스트레스야말로 개인차가 크고 예측하기 힘든 경우가 많기 때문입니다.

물리적인 스트레스의 원인인 더위나 추위를 타는 등의 체질이 저마다 다른 것 이상으로 심리적 반응 역시 사람마다 매우 다르게 나타납니다. 똑같은 상황에서 아무것도 못 느끼는 사람이 있는가 하면, 굉장히 충격적으로 느끼는 사람이 있습니다.

게다가 심리적인 스트레스는 같은 상황이라도 그 순간의 심리 상태에 따라 받아들이는 방식이 달라진다는 까다로운 면이 있습니다. 평소라면 그렇게까지 마음 쓰지 않을 사소한 일도 기분이 처진 상태에서는 '나한테는 이런 일만 생기네'라고 부정적으로 받아들이게 되죠.

또 예상치 못한 시점에 갑자기 나타나는 것도 심리적 스트레스의 특징입니다. 특히 대인관계에서는 스스로 통제할 수 없는 일이 많습니다. 누군가의 생각지 못한 말 한마디나 행동에 갑자기 휘둘리는 상황도 자주 생깁니다.

이런 특징 때문에 심리적인 스트레스는 물리적인 스트레스와 달리 피하기가 어려운 것이죠. 현대사회의 스트레스는 대부분 심리적인 것이라고 볼 수 있으므로 스트레스가 쌓일 수밖에 없습니다.

민감하지 않는
뇌를 만들기

이런 심리적인 스트레스가 쌓이지 않도록 하는 요령 중 하나가 최대한 예측해두는 것입니다. 기본적으로 스트레스는 예상치 못한 일이 생기거나 자기 능력을 벗어날 때 발생합니다. 물론 예측할 수 없는 상황에 대한 대책을 미리 세우기는 어렵습니다. 하지만 직장이나 학교에서 발생할 수 있는 스트레스는 평소에 어느 정도 예상이 가능합니다.

예를 들어 직장 동료나 상사 중에 잔소리가 많은 사람이 있다면 '저 사람은 원래 그런 사람이니까 또 한 소리 할지도 몰라'라고 미리 생각해둡니다.

갑자기 일을 떠맡아 야근을 하더라도 '원래 야근이 잦으니까'라고 생각하면 심리적인 스트레스를 줄일 수 있습니다. 여러 상황을 가정해두면 예상치 못한 일이 생겼을 때 동요하거나 당황하지 않고 대처할 수 있습니다.

또 다른 요령은 평상시에 건강하게 생활하는 것입니다. 인간의 뇌는 매우 복잡하며 기능이 규명되지 않은 부분도 많습니다.

뇌도 수많은 장기 중 하나임은 분명합니다. 건강하게 생활하면 면역기능이 향상되어 감기에 잘 걸리지 않는 것처럼, 건강을 잘 유지하는 것은 스트레스에 민감하지 않은 뇌로 만드는 데 도움이 됩니다.

건강하지 않은 생활 습관을 유지하면 컨디션이 쉽게 무너집니다. 그런 생활 습관 때문에 뇌 기능이 제대로 발휘되지 않으면 집중력이 떨어지거나 부정적으로 생각하게 되어서 그만큼 스트레스의 내성도 약해집니다.

또 열이 나서 누워 있을 때는 긍정적으로 생각하기 어려운 것처럼, 몸과 마음의 상태는 연동되어 있습니다. 그러므로 건강한 생활을 유지하는 것은 스트레스가 쌓이지 않도록 하는 데 매우 중요합니다.

스트레스가 쌓이기 쉬운 사람의 삶을 관찰해보면 스트레스의 강도 이상으로 평소 생활 습관이 불규칙합니다. 더구나 제대로 휴식할 시간을 확보하지 못해서 더 심하게 스트레스를 받습니다. 이런 경우는 규칙적인 생활을 유지하고, 충분한 휴식을 취하는 것이 최우선입니다.

애초에 규칙적으로 생활할 여유가 없거나 일이 바빠서 그럴 상황이 아닌 경우에는 피로를 풀지도 못한 채 스트레스가 계속해서 쌓이게 됩니다. 그러므로 어떻게든 환경을 바꿀 필요가 있습니다.

환경을 바꿀 수 없는 경우도 많겠지만, 그런 상황이 지속되면 언젠가 몸과 마음 중 한쪽이 망가지고 맙니다. 주위 사람들에게 의논하거나 정신과에서 상담받고 일시적으로 휴직하는 등 자신의 일상을 들여다보는 계기를 만들어야 합니다.

스트레스는 예방이 중요하다고 했듯이 스트레스가 계속 쌓여서 몸이 망가지면 그것을 치료하고 회복하는 데 훨씬 큰 수고와 시간이 필요합니다.

스트레스를 쌓아두지 않아야 한다는 것은 아무리 강조해도 지나치지 않습니다. 건강하지 못한 생활을 하고 있다는 생각이 든다면 서둘러 나를 돌이켜보세요. 건강한 생활을 유지하는 것이 스트레스가 쌓이지 않게 하는 첫걸음입니다.

다음 장부터는 스트레스가 쌓였을 때의 구체적인 해소법을 살펴보겠습니다. 흔히 알려진 스트레스 해소법에 대한 오해를 알아보고, 더 나은 해소법을 발견할 수 있을 것입니다.

부정적인 감정, 안 좋은 기분을 잊으려고
신나는 일을 찾아보고 바쁜 척 몸을 혹사해보지만
기분이 풀리기는커녕 몸만 더 힘들다.

지금 느끼는 내 몸과 마음의 반응을
받아들이고 조금씩 천천히 풀어가는 것이 중요하다.

PART
03

최악의 상황에서도
심신이 무너지지 않는
예방법

괜찮은 척해도
괜찮아지지 않는다

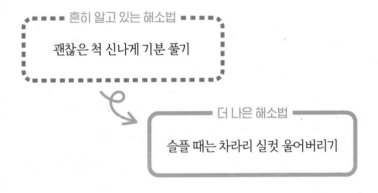

■■■■ 흔히 알고 있는 해소법 ■■■■

괜찮은 척 신나게 기분 풀기

■ 더 나은 해소법 ■

슬플 때는 차라리 실컷 울어버리기

스트레스가 쌓이면 '즐거운 일을 하며' 기분을 달래야 한다고 생각하는 사람들이 많을 것입니다.

물론 즐거운 일을 해서 기분이 나아지면 좋겠지만, 그렇지 않을 때도 있죠. 스트레스를 푼다고 억지로 즐거운 일을 할 필요는 없습니다.

예를 들어 연인과 헤어졌거나 직장에서 큰 실수를 하는 등 충격적인 일을 겪으면 기분이 몹시 처져 있을 것입니다. 그럴 때 억지로 뭔가를 하려고 해도 금방 기분을 전환하기는 어려운 법이죠. 오히려 평소 같으면 즐거운 일도 도무지 재미있지 않으니 기분만 더 우울합니다.

슬플 때나 속상할 때는 애써 기분을 바꾸려 하지 말고 차라리 그 감정에 몸을 맡겨보는 것은 어떨까요?

그런 안 좋은 일을 겪었을 때는 차라리 눈물을 흘리는 것도 좋습니다. 한때 '눈물 활동'이라는 말이 화제가 되기도 했습니다. '눈물을 흘리는 활동'이라는 뜻인데, 감동적인 영상 등을 보고 눈물을 흘리며 스트레스를 해소하는 것입니다.

실제로 눈물은 스트레스를 완화하는 작용을 합니다. 눈물을 흘리면 마음을 진정시키는 신경전달물질인 세로토닌이 분비되기 때문입니다. 그래서 슬플 때나 우울할 때 눈물을 흘리면 기분을 푸는 데 효과가 있습니다. '실컷 울었더니 의외로 속이 시원해졌다'는 경험을 해보았을 것입니다. 이것이 실제 근거가 있는 셈입니다.

슬플 때 눈물을 흘리는 것은 생물학적으로도 유의미합니다.

눈물을 참을 필요도 없을뿐더러 애써 즐거운 일을 할 필요도 없습니다. 감상에 젖거나 눈물을 흘리는 것도 스트레스를 완화하는 데 효과적이라는 사실을 기억해둡시다.

아닌 척할
필요 없다

다만 안 좋은 일에 매달려 언제까지나 미련을 두는 것은 좋지 않습니다. 그렇게 되지 않으려면 한 가지 명심해야 할 것이 바로 '감정은 그대로 두고, 대상을 바꾸는 것'입니다.

풀어서 설명하면 마음이 슬플 때 실제로 나한테 있었던 일을 떠올리는 것이 아니라 눈물이 날 만큼 슬픈 드라마나 영화를 보는 것입니다. 그러면 감정을 억지로 전환할 필요가 없고, 자신의 상황에 계속 미련을 두지 않게 됩니다. 감정을 품는 대상을 자신의 상황에서 드라마나 영화 속 사건으로 바꾸는 것이죠.

분노와 같은 감정도 마찬가지입니다. 특정 사건이나 인물을 분노의 대상으로 삼지 않고 다른 대상을 향해 분노를 발산하는 것이죠. 이를테면 복싱 같은 격투기도 좋고, 적을 무찌르는 게임도 괜찮습니다.

최근에 유행하는 노래를 크게 불러보는 것도 좋겠죠. 이런 음악을 들으며 즐기기도 좋지만, 노래방에서 직접 불러보는 것도 스트레스를 푸는 데 안성맞춤입니다.

슬픔이나 분노의 감정이 거세질 때는 애써 즐거운 일을 하지 않아도 됩니다. 자신이 느끼는 감정은 그대로 두고 대상을 바꿔서 발산해봅시다.

분노 에너지를
내 몸이 흡수하지 않도록

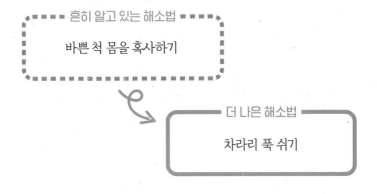

흔히 알고 있는 해소법

바쁜 척 몸을 혹사하기

더 나은 해소법

차라리 푹 쉬기

바쁘게 지내는 동안에는 몸이 힘들어도 피로를 잘 느끼지 못한 적이 있나요?

이런 사람들은 일이든 뭐든 하고 싶은 것을 꾸준히 해나가며 충실한 삶을 사는 것을 인생의 목표로 삼는 경우가 많습니다. 이들은 바쁠수록 에너지가 넘치고 보람을 느끼는 것처럼 보이죠.

하지만 스트레스의 관점에서 보면 이런 생활 방식은 자칫 위험하다고 할 수 있습니다.

물론 바쁘게 지내야 인생을 더 알차게 사는 것 같습니다. 실제로 뭔가에 몰두하고 있을 때는 신경전달물질인 도파민이나 아드레날린이 방출돼 피로를 잘 느끼지 않는 것도 사실입니다.

하지만 그런 상태가 지속되다 보면 언젠가 몸과 마음이 한계에 다다릅니다.

바쁘게 움직이는데도 피로를 잘 느끼지 못하는 것은 에너지음료를 마셨을 때처럼 어디까지나 일시적인 현상입니다. 바쁘게 지내다 보면 도리어 피로의 징후를 알아채지 못하게 되므로 그 전에 적절히 쉬는 것이 필요합니다.

어떤 일류 운동선수라도 휴가 기간이 있듯이 틈틈이 휴식을 취하지 않으면 최상의 성과를 낼 수 없습니다. 매일 훈련을 거듭하고 일반인보다 체력이 좋다는 운동선수들조차 쉬는데, 하물며 보통 사람이 쉼 없이 계속 일한다면 어떻게 될지 쉽게 짐작할 수 있겠죠.

내 몸이 거짓말을
하지 않도록 /

정신과 질환 중에 '양극성 장애'가 있습니다. 이것은 기분이 고조되는 조증 삽화와 기분이 처지는 우울 삽화를 반복하는 증상이 특징입니다.

조증 상태일 때는 뭐든지 할 수 있다는 생각에 잠도 안 자고 매우 활동적으로 움직입니다. 하지만 일주일 정도 조증 상태가 지속되고 나면 그 뒤로는 우울 상태가 됩니다. 우울 상태가 되면 마치 조증 상태가 거짓말이었던 것처럼 활동성이 떨어지고 기분이 축 처진 채 집에만 머뭅니다.

양극성 장애가 아니더라도 정신없이 바쁜 시기가 지난 뒤에 갑자기 의욕이 사라져 원래 할 수 있었던 일을 못 하게 되는 경험을 해보았을 겁니다. 이른바 '번아웃 증후군'이라고 부르죠. 바쁜 시기를 보내거나 뭔가 중요한 일을 달성한 뒤에 의욕이 사라져버리는 상태를 말합니다.

바쁠 때는 피로마저 잊을 수 있어서 좋을지 모르지만 번아웃 증후군에 걸리면 결국 전체적인 성과가 저조해지기 마련입니다.

그러므로 평소에 하루, 일주일, 한 달 등 정해진 기간마다 의식적으로 휴식하는 시간을 확보하는 것이 중요합니다.

100퍼센트의 힘으로 질주한 끝에 지쳐서 0퍼센트가 되기보다 80퍼센트를 지속하는 것이 몸과 마음에도 부담이 덜합니다. 성취감을 느끼려고 쉼 없이 바쁘게 지내고 있다면, 자신의 몸과 마음이 쉴 수 있는 시간을 확보합시다.

평소에 워낙 업무가 많고 바빠서 그럴 여유가 없다면 그 생활 방식 자체에 문제가 있는 것입니다. 조금이나마 휴식 시간을 확보할 방법이 없을지, 내가 아닌 다른 사람에게 맡길 수 있는 부분은 없을지, 여러모로 미리 고민해두지 않으면 어느새 심신을 갉아먹게 됩니다.

이번 기회에 휴식 시간을 잘 마련하고 있는지 자신의 일상을 한번 돌이켜봅시다.

즐거웠던 시절로 돌아갈 수 없어서 더 슬프다

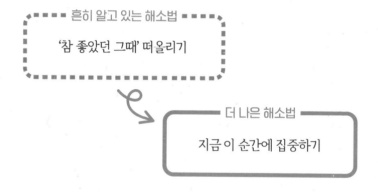

흔히 알고 있는 해소법

'참 좋았던 그때' 떠올리기

더 나은 해소법

지금 이 순간에 집중하기

방 청소를 하다 우연히 옛날 앨범을 발견하고 감상에 젖거나, 문득 스마트폰에 저장된 사진을 구경하며 '그때 참 재밌었지'라고 그 당시를 회상하며 그리워할 때가 있습니다.

사람은 누구나 인생에서 즐거웠던 순간을 떠올리곤 하죠. 그 행위 자체는 아무 문제가 없고, 얼마든지 할 수 있는 일입니다. 다만 '스트레스 해소'라는 맥락에서 적극적으로 권장하지는 않습니다.

우발적으로 혹은 무심코 좋았던 옛 기억이 떠오를 수는 있습니다. 하지만 스트레스 해소를 위해 '의도적으로' 즐거운 추억을 떠올리는 것은 상황에 따라 리스크를 수반합니다. 그야말로 심신이 다 지쳐서 회복이 필요한 시기에 즐거운 추억을 떠올리는 것은 각별히 주의해야 합니다.

왜냐하면 추억을 회상하면서 '그때는 참 좋았는데 지금은 왜 이럴까'라고 부정적인 감정이 증폭될 가능성이 있기 때문입니다.

기본적으로 즐거운 추억은 심신이 모두 건강한 상태일 때의 기억입니다. 즐거웠던 기억을 한번 떠올려보면 몸이 안 좋은 상황, 심적으로 힘든 상황은 아니었을 겁니다.

몸과 마음 중 어느 한쪽이 약해진 시기도 평소 상황과 다르기 때문에 오래 기억에 남기는 합니다. 하지만 '즐거운 추억'이 아닌 '힘들었던' 또는 '괴로웠던' 기억으로 남겠죠.

스트레스를 받고 있을 때는 대부분 이미 버거운 상태이기에 즐거운 추억을 회상하면 현재와 과거를 비교하게 되어서 부정적인 감정이 증폭될 가능성이 큽니다.

옛 사진을
스크롤하지 마라

기분이 안 좋은 상태일 때는 옛날 추억을 떠올리기보다 현재에 집중하는 것이 좋습니다. 어떻게 하면 조금이나마 스트레스가 완화될 수 있을지 생각해봅시다. 물론 상황과 개인의 성향에 따라 다양한 방법이 있습니다.

산책하기, 편안한 음악 감상하기, 다른 사람한테 의논하기 등 어떤 방법이든 스트레스 해소의 포인트는 '지금 뭘 할 수 있는지'에 중점을 두는 것입니다.

즐거운 추억을 떠올리는 것은 힘든 일이 아닙니다. 하지만 실질적으로는 도움이 되지 않을 수 있으니 굳이 스트레스를 해소하기 위해 옛날 기억을 소환할 필요는 없습니다.

거듭 강조하지만 '즐거운 추억 떠올리기'라는 행위 자체가 나쁜 것은 아닙니다. 다만 스트레스 해소법으로 실천하기에는 적합하지 않다는 것입니다.

힘든 일이 있거나 기운이 없을 때는 예전 사진을 스크롤하지 말고 사진 속 친구들에게 직접 연락하거나, 잠시 스마트폰을 내려놓고 스트레칭과 산책을 해봅시다.

미움받지 않는 최소한의 태도

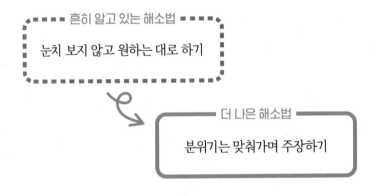

흔히 알고 있는 해소법

눈치 보지 않고 원하는 대로 하기

더 나은 해소법

분위기는 맞춰가며 주장하기

이번에는 스트레스 해소뿐만 아니라 삶의 방식과 관련된 이야기를 해보겠습니다.

요즘 SNS나 인터넷 기사에 자주 등장하는 조언이 있습니다. '스트레스 받지 말고 마음대로 살아라', '누가 싫어할까 걱정하면서 살면 안 된다'라는 식의 조언이죠. 그 밖에도 '일본 사람들은 남을 지나치게 신경 쓴다', '눈치 보지 말아라' 등도 흔히 듣는 말입니다.

일본은 섬나라이기 때문에 사람들이 동조하려는 경향이 강하고, 오래전부터 주위의 시선을 신경 쓰며 살아왔습니다. 그렇게 자리 잡은 사고방식은 여러 새로운 문화가 유입되고 다양성을 강조하는 현대사회에 어울리지 않는지도 모릅니다.

그래서 이제야 남의 눈을 신경 쓰지 말고 자유롭게, 자신이 좋아하는 일만 하면서 살아가야 한다는 목소리가 많은 것이겠죠. 저도 그 생각에 동의합니다.

하고 싶은 대로 하면서 살면 분명 스트레스도 쌓이지 않을 겁니다. 다만 그것을 전면적으로 긍정하기는 어렵습니다.

'남의 눈을 개의치 않고, 하고 싶은 일을 한다'는 부분까지는 동의합니다. 하지만 '눈치 보지 않고 주위에 폐를 끼친다'는 선까지 극단적으로 확장되면 의미가 약간 달라집니다.

자유롭게, 하지만
분위기 파악은 하기 /

최근에는 다양성이 중시되고 있지만, 그래도 일본은 아직 타인을 신경 쓰는 문화가 남아 있습니다. 그 문화가 길었던 영향도 있고, 무엇보다 '남에게 폐를 끼치고 싶지 않다'는 사고방식이 강합니다.

남을 배려하는 마음은 좋은 것이므로 근본적인 부분을 무시해서는 안 된다고 생각합니다. 하고 싶은 대로 하면서 자유롭게 살아야 하는 것은 맞지만, 주위에 폐를 끼치면서까지 자신의 길을 관철해서는 안 됩니다.

예를 들어 친구와 함께 여행을 갔을 때 내 요구 사항이나 가고 싶은 곳을 분명하게 전하는 것은 내 자유입니다. 다만 자기 고집을 끝까지 밀어붙여서 일행을 힘들게 하거나 질서를 해치는 일은 피해야 합니다.

지나치게 눈치를 보며 주위에 동조해서 원하지 않는 일을 하는 상황은 피해야 합니다. 하지만 그렇다고 분위기를 망쳐도 괜찮다는 것은 아닙니다.

중요한 것은 자신의 의견을 분명하게 주장하는 것, 그리고 다른 의견도 경청하는 것입니다. 별 생각 없이 사람들에게 대충 맞추는 것은 피해야겠지만, 다른 사람의 의견을 듣지 않고 고집을 피우는 것도 바람직하지 않습니다.

애초에 '스트레스를 안 받으려고 자유롭게 살기를 원하지만 남에게 미움받는 것 자체를 스트레스'라고 느끼는 사람도 있으므로 무리하게 고집하면 본말이 전도되는 셈입니다.

저는 '미움받을 용기'를 갖기보다는 '주장할 용기'를 갖는 것이 중요하다고 생각합니다.

남에게 미움받고 스트레스를 받을 바에야, 필요한 것을 주장하되 남에게 미움받지 않고 지내는 편이 훨씬 좋지 않을까요?

화가 나는 것은 어쩔 수 없다

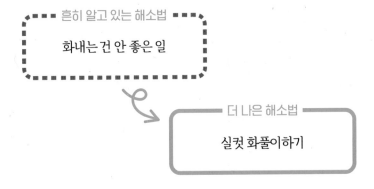

흔히 알고 있는 해소법

화내는 건 안 좋은 일

더 나은 해소법

실컷 화풀이하기

요즘 세상에서는 감정을 드러내는 것이 나쁜 일처럼 여겨질 때가 있습니다.

멘탈이 불안정한 사람은 감정을 표출하기 쉽고, 멘탈이 안정된 사람은 감정에 휘둘리지 않고 항상 냉정하다는 이미지가 자리 잡은 것 같습니다.

그런데 감정을 드러내는 것이 정말 잘못된 일일까요?

물론 감정에 휘둘려 주위를 살필 여유가 없거나 대인관계에 지장을 주어서는 안 됩니다. 다만 이것은 감정을 드러냈기 때문에 벌어진 일입니다. 감정이 기점이 되어 일련의 행동을 일으키고, 그 행동이 부정적인 상황으로 이어진 것이므로 감정을 드러낸 것 자체가 잘못이라고 볼 수는 없는 것이죠.

이를테면 '힘든 일 때문에 분노의 감정이 올라와 물건을 던져 부숴버린' 상황을 생각해봅시다.

물건을 던져 부숴버리는 것은 바람직하지 않은 행동입니다. 하지만 그 전에 분노의 감정을 드러내는 것 자체는 나쁘다고 할 수 없습니다.

감정 자체가 나쁜 것이 아니고 감정에 휘둘려 자신을 통제하지 못하게 됐을 때 안 좋은 일이 일어나는 것이죠.

애초에 감정을 드러내지 않기란 매우 어려운 일입니다. 감정을 드러내지 않는다는 것은 즐거운 일이 있어도 웃지 않고, 힘든 일이 생겨도 슬퍼하지 않고, 기분 나쁜 일에도 화를 내지 않는다는 뜻입니다.

감정은 생물학적으로도 본능적인 것이기에 근본적으로 억누르기는 힘듭니다. 따라서 '감정을 드러내지 않기'가 아닌 '감정을 드러내도 괜찮지만, 부정적인 행동으로 이어지지 않게 하기'라고 생각을 바꿔보면 좋겠습니다.

화를 억누르면
나를 잃어버린다

정신과에서 흔히 쓰이는 '앵거 매니지먼트(anger management, 분노 조절 관리)'라는 기법이 있습니다. 화를 내지 않는 기술이 아니라 화가 났을 때 빠르게 냉정해지는 기술입니다.

대표적인 방법으로 '6초 세기'와 '심호흡하기'가 있습니다. 화가 나는 것은 어쩔 수 없겠지만 그 감정이 다른 방향으로 향하지 않도록 컨트롤하는 것이 앵거 매니지먼트의 본질입니다.

따라서 감정을 드러내지 않는 것이 중요한 게 아니라 감정에 의해 자신을 잃어버리지 않는 것이 중요합니다. 스트레스 해소를 위해서는 오히려 감정을 드러내는 것이 바람직하다고 할 수 있습니다.

웃고 싶을 때 웃긴 방송을 보면서 실컷 웃고, 울고 싶을 때 눈물이 나는 영화를 보면서 실컷 우는 것이 훌륭한 스트레스 해소법입니다. 사람이나 물건에 화풀이하지 않는다면 화를 내고 싶을 때 화를 내는 것도 충분히 스트레스를 해소하는 방법입니다.

오히려 감정을 발산하지 않으면 더 큰 스트레스가 될 수 있으니 '감정을 드러내서는 안 된다'는 의견은 한 귀로 흘려버리고 나의 감정을 잘 마주해봅시다.

생각하지 않으려고 할수록 더 생각나는 법

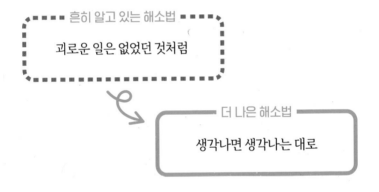

흔히 알고 있는 해소법

괴로운 일은 없었던 것처럼

더 나은 해소법

생각나면 생각나는 대로

누구든 살면서 괴로웠거나 충격적이었던 일, 상처받았던 경험이 있을 겁니다. 오랜 시간이 지나서 다시 떠올려봐도 또다시 마음이 울적해지는 일도 있죠.

그리고 '이제 그만 생각하고 잊어야지'라고 마음을 다잡으려

해도 좀처럼 머릿속에서 떠나지 않는 안 좋은 기억도 있을 것입니다.

우리는 흔히 '안 좋은 일은 생각하지 말아야지'라고 다짐합니다. 하지만 사실은 이것이 역효과를 낸다는 연구 결과가 있습니다.

미국의 심리학자 대니얼 웨그너는 '뭔가를 생각하지 않으려고 노력할수록 오히려 머릿속에서 떠나지 않는' 현상을 처음으로 주장하면서 '사고 억제의 역설적 효과'라고 이름 붙였습니다.

그 근거가 된 것이 바로 '백곰 실험'입니다.

이 실험에서는 A, B, C 세 그룹에 백곰의 영상을 보여준 뒤, 각각의 그룹에 다음과 같이 지시했습니다.

A그룹에게는 백곰을 기억하라고 하고, B그룹에게는 백곰을 생각해도 되고 안 해도 된다고 하고, C그룹에게는 백곰을 생각하지 말라고 했습니다. 시간차를 두고 조사한 결과, 가장 영상을 선명하게 기억한 것은 바로 C그룹이었습니다.

'생각하지 말라'고 지시하면 기억에 더 잘 남는다는 것이죠. 평소에 '그만 생각하자', '잊어야지' 하며 자신을 타이르는 사람은 스스로 부정적인 기억을 강화하고 있을 가능성이 큽니다.

예를 들어 연인과 헤어진 후에 '그 사람을 잊어야지'라고 생각하면 좀처럼 잊을 수 없거나, 금연을 결심하고 '담배 생각은 안 해야지'라고 다짐할수록 오히려 더 피우고 싶어지는 것도 사고 억제의 역설적 효과입니다.

청소하면서 저녁에 뭐 먹을지
생각하지 말 것

이런 예시를 통해서도 알 수 있듯이 안 좋은 일이나 충격적인 일은 억지로 잊으려고 하지 않는 것이 오히려 좋습니다.

그럼 내 마음을 바꾸려면 어떻게 해야 할까요?

바로 '다른 일 생각하기' 또는 '다른 행동에 집중하기'입니다.

인간은 기본적으로 둘 이상의 것을 동시에 생각할 수 없습니다. 그러니 안 좋은 마음이 들기 시작할 때 그걸 잊으려 하지 말고 다른 생각을 해보세요.

다만 한순간에 생각을 바꾸기는 쉽지 않습니다. 또한 앞에서 설명했듯이 즐거운 추억을 떠올리는 것이 오히려 마이너스로 작용할 가능성도 있습니다.

그럴 때는 간단한 것부터 시작해보는 것이 좋습니다. 방 청소나 정리 정돈, 산책, 명상 등 무엇이든 좋습니다. 집중할 수 있는 한 가지를 찾아봅시다.

다만 무엇을 하든 다른 생각을 하는 것은 금물입니다. 기본적으로 한 동작을 하고 있을 때는 그 동작에 최대한 의식을 집중합니다. 이를테면 청소를 한다고 해도 제대로 먼지가 닦였는지, 더러운 곳은 없는지 주의하면서 치웁니다.

사람은 둘 이상의 것을 동시에 생각할 수 없으므로 청소하면서 오늘 뭘 먹을지를 생각하면 둘 다 흐지부지되고 잡생각이 끼어들 틈이 생깁니다.

고민이 있거나 우울할 때는 무엇이든 지금 할 수 있는 일에 온전히 집중해보세요. 기분이 나아지는 데 도움이 될 것입니다.

긍정한다고
다 긍정적으로 될까?

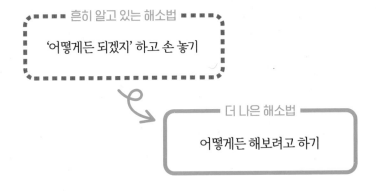

흔히 알고 있는 해소법

'어떻게든 되겠지' 하고 손 놓기

더 나은 해소법

어떻게든 해보려고 하기

'매사에 긍정적으로 생각해야 인생이 더 행복하다.'

'부정적으로 생각하지 말자.'

한 번쯤은 이런 말을 들어본 적이 있을 겁니다.

매사에 긍정적으로 생각해야 마음이 편하고 힘든 일도 덜 겪을 것만 같습니다. 평소 부정적으로 생각하는 사람은 성격이 긍정적인 사람을 부러워하기도 합니다.

긍정적으로 생각하면 좋은 점만 있을 것 같은데 과연 실제로도 그럴까요?

저는 긍정적인 사고방식의 단점도 있다고 생각합니다. 특히 조심해야 하는 것은 목표가 생겼을 때와 실패했을 때입니다.

먼저 목표가 생겼을 때를 알아보겠습니다.

누구나 인생에서 달성하고 싶은 목표를 발견하는 순간이 있습니다. 수능 공부를 예로 들어볼까요. 지원한 학교에 합격하려면 좋은 성적을 내기 위해 당연히 공부를 열심히 해야 합니다. 하지만 긍정적인 사고방식이 지나치면 어떻게 될까요? '괜찮겠지', '어떻게든 될 거야'라는 낙관적인 생각에 빠져 충분히 노력하지 않을 수 있습니다. 그러므로 목표 달성을 위해서는 적당한 불안감과 초조감이 필요합니다.

'문제 경향이 바뀌면 어떡하지?' '잘 못 푸는 문제가 나오면 어떡하지?' 이런 감정들이 플러스알파로 학습에 영향을 주어 더 노력하게 되고 목표를 달성하는 것입니다.

모든 일이 마찬가지입니다. 적당한 긴장감은 동기부여나 효율화로 이어집니다. '어떻게든 되겠지' 하는 긍정적인 사고방식으로 아무것도 하지 않는다면 아무것도 이룰 수 없습니다.

'그럴 수도 있지'라는
말의 오해

그리고 어떤 일에 실패했을 때도 그런 사고방식이 위험한 경우가 있습니다.

극단적으로 긍정적일 경우 어떤 일에 실패해도 '뭐, 그럴 수도 있지'라고 생각해버리는 것은 위험한 사고방식입니다.

본래의 긍정적인 사고는 어떤 일에 실패했을 때도 좌절하는 것이 아니라 실패의 원인을 생각하고 반성한 다음 같은 일을 되풀이하지 않는 것입니다. 실패에서 눈을 돌리는 것이 아니라 온전히 받아들이고 미련을 두지 않는 것이 진정한 긍정적인 사고입니다.

긍정이 곧 실패를 개의치 않는 것이라고 착각하면 같은 실수를 반복하거나 나도 모르게 주위에 폐를 끼치는 상황을 만들 수 있으므로 주의해야 합니다.

지나치게 긍정적일 경우, 목표를 달성하지 못하고 실패를 반복하더라도 '그래도 나는 행복하다'고 생각하게 됩니다. 이처럼 낙관주의가 지나치면 현재 상태를 뛰어넘어서 성장하기 어렵고, 주위 사람들에게는 무책임하게 보일 수 있습니다.

여러분은 성장하고자 하는 욕심이 있고, 사람들과 잘 지내고 싶은 마음에 이 책을 손에 들었을 것입니다. 부디 긍정주의의 신화에 사로잡히지 말고, 긍정주의의 쓰임새를 착각하지 않기를 바랍니다.

나만의 대나무숲 만들기

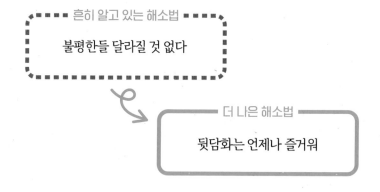

흔히 알고 있는 해소법

불평한들 달라질 것 없다

더 나은 해소법

뒷담화는 언제나 즐거워

'불평'에 대해 어떤 인상을 가지고 있나요?

'문제가 근본적으로 해소되는 것이 아니기에 불평해도 소용 없다'는 사람이 있는가 하면, '직장 동료와 술을 마시면 어느새 상사의 뒷담화만 계속하게 된다'는 사람도 있을 겁니다.

불평하느냐 안 하느냐는 성격이나 사고방식과 관계가 있지만, 무엇보다 주변 환경에서 비롯되는 부분이 크다고 할 수 있습니다. 주변 상황에 불만을 품은 사람, 현재에 납득하지 못하는 사람일수록 불평이 많기 때문입니다.

스트레스 해소 측면에서 본다면 불평도 때로는 필요합니다.

예상 밖의 일이나 다른 사람의 언동에 스트레스를 받은 적이 있을 겁니다. 이를테면 불합리한 일로 꾸중을 듣거나 갑자기 업무를 떠맡게 되면 짜증이 나겠죠.

불평은 이런 예상 밖의 스트레스가 축적됐을 때 그걸 재빨리 해소하는 방법으로 효과적입니다.

'불평'이라는 단어의 어감이 별로 좋지 않으니, '내 속마음 털어놓기'라고 바꿔보면 어떨까요?

'속마음을 털어놓는 것은 안 좋다'는 말을 들으면 오히려 내 속마음을 털어놓을 공간을 빼앗기는 것 같아서 괜히 더 스트레스가 쌓이지 않나요?

이른바 주부들이 주고받는 '우물가 공론'의 효과를 조사한 결과, 무려 90퍼센트가 넘는 주부들이 '우물가 공론으로 기분 전환 또는 스트레스 해소가 된다'고 답했습니다.

우물가 공론도 불평과 마찬가지로 속마음을 털어놓는 수단

이니 불평을 하면서 스트레스 해소가 되는 것이죠.

불평하는 것만으로는 전혀 상황이 바뀌지 않는 데다 본질적으로 해소가 되는 것은 아닙니다. 하지만 불평으로 스트레스가 완화되는 것은 사실입니다.

오늘은 하소연 좀

해도 될까?

심리학적인 측면에서 보면 여성들은 여성끼리 고민을 더 많이 공유하고 남성보다 스트레스를 잘 해소한다고 합니다. 우물가 공론도 마찬가지지만 여성들이 만남의 기회를 더 많이 만듭니다.

서로 불평이나 고민을 나눈다고 해서 직접적인 해소는 되지 않더라도 생각을 정리하거나 감정의 발산으로 이어지는 것이죠.

반대로 남성들은 일상적으로 불평이나 고민을 쌓아둘 수 있습니다. 그러니 의식적으로 자신의 감정을 발산할 곳을 마련해놓는 것이 좋습니다. 그런 의미에서 보면 직장인이 퇴근길에 단골 술집에 들르는 것도 스트레스를 해소하는 방법 중 하나이겠죠.

다만 조심해야 하는 점은 '적당히' 불평하는 것입니다.

잠시 불평하는 것이 아니라 주야장천 뒷담화를 늘어놓거나 매일 불평만 늘어놓지 않도록 주의합니다. 지나친 불평은 스스로 부정적인 감정을 증폭시키고 듣는 사람도 지치게 만듭니다.

어디까지나 불평은 적당히 하는 것이 좋습니다. 또 불평할 때는 '오늘은 하소연 좀 해도 괜찮을까?'라고 상대에게 허락을 구한 다음에 이야기합니다. 불평을 계속하는 것도 힘들고 그것을 계속 듣고 있는 것도 힘든 일입니다.

중요한 것은 '내가 어떻게 생각하느냐'

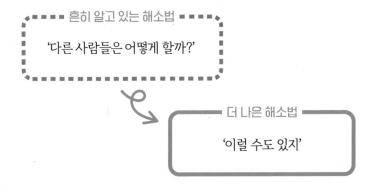

흔히 알고 있는 해소법
'다른 사람들은 어떻게 할까?'

더 나은 해소법
'이럴 수도 있지'

뭔가 고민이 있을 때, '○○(다른 사람)이라면 어떻게 할까?'라고 생각해보는 방법이 있습니다.

○○에 해당하는 대상은 다양합니다. 위인이나 유명인일 수도 있고 나와 가까운 사람일 수도 있습니다.

이를테면 업무상 중대한 결정으로 고민할 때 존경하는 직장 상사라면 어떻게 판단할지 생각해봅니다. 진로를 정하기 어려울 때는 내 가족이었다면 뭐라고 조언했을지 생각해보기도 합니다. 그러다 보면 혼자서는 생각해내지 못했던 아이디어가 떠오르기도 합니다.

이처럼 어떤 결정을 내릴 때, 망설임을 떨쳐내고 싶을 때 다른 사람의 사고방식을 참고하는 것이 효과적인 방법입니다.

하지만 고민이 있거나 우울할 때 이런 방법을 시도하는 것은 권장하지 않습니다. 왜냐하면 멘탈이 좋지 않을 때는 다른 사람의 사고방식을 적용해도 큰 효과를 거둘 수 없기 때문입니다.

예를 들어 힘든 일이 있어서 울적할 때 '늘 긍정적인 ○○ 씨라면 어떻게 생각할까?'라고 상상해봅시다. 그때 내릴 수 있는 결론은 '○○ 씨였다면 분명 상처받지 않았을 거야'라는 것입니다. 그런 생각이 들면 멘탈이 안정되기는커녕 오히려 다른 사람과 비교되어 자존감이 더욱 떨어질 가능성이 큽니다.

이처럼 뭔가 고민될 때 다른 사람의 사고방식을 적용하는 것은 별로 효과가 없습니다. 왜냐하면 고민은 주관적이고, 그것을 받아들이는 방식을 타인과 비교할 수 없기 때문입니다.

'그건
네 생각이지'

비슷한 예로 흔히 하는 잘못된 조언이 '그렇게 걱정할 일 아니야'라는 것입니다.

이 조언은 발언자의 주관을 바탕으로 판단하는 것입니다. '걱정할 일이 아니다'라는 것은 어디까지나 조언하는 사람의 생각입니다. 조언을 구하는 사람의 입장에서 보면 '큰일'이고 '걱정되는 일'이기 때문에 의논하는 것이죠.

이처럼 같은 상황이라도 사람마다 다르게 느낍니다. 그러므로 같은 고민을 두고 다른 사람의 사고방식을 그대로 적용하는 것은 의미가 없습니다.

그보다 중요한 것은 누군가와 비교하지 않고 고민이 될 때 '이런 생각도 해볼 수 있지 않을까?'라고 내 사고방식을 스스로 수정해보는 것입니다.

뭔가 충격적인 일을 겪었거나 화나는 일이 생겼을 때도 '놀랍긴 하지만 이럴 수도 있지'라고 생각하거나, '화가 좀 나지만 저 사람에게도 뭔가 힘든 일이 있었을지도 몰라'라고 생각해봅시다.

내 안에서 사고방식을 수정해 이미 벌어진 상황에 대해 정신적 피해를 조금이나마 줄이는 방향으로 생각을 전환할 수 있다면 내 마음도 조금은 성장할 수 있을 것입니다.

단순한 일로
뇌에게 휴식을

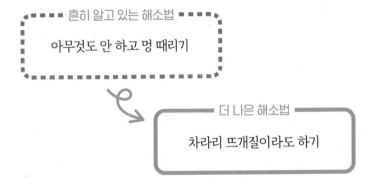

┅┅ 흔히 알고 있는 해소법 ┅┅

아무것도 안 하고 멍 때리기

━━ 더 나은 해소법 ━━

차라리 뜨개질이라도 하기

우리는 날마다 업무, 학교, 집안일에 치여 바쁘게 살아갑니다. 하루 일과를 마치고 집으로 돌아왔을 때나 모처럼 쉬는 날이면 피로를 풀기 위해 '오늘은 집에서 아무것도 하지 말고 멍하니 쉬어야지'라고 생각하는 사람들도 많을 것입니다.

그런데 아무것도 안 하고 멍하니 쉬는 것이 최고의 휴식법인
듯 보여도 사실 피로를 회복하는 방법으로는 권장하지 않습니
다. 왜냐하면 멍하니 쉬는 동안 몸은 에너지를 쓰지 않아도 뇌
는 휴식하지 못하는 상황에 놓이기 쉬우니까요.

최근 연구에 따르면 아무것도 하지 않고 쉬는 상태일 때 디
폴트 모드 네트워크(Default Mode Network, DMN)라는 신경회로
가 활발해지면서 오히려 뇌가 쉽게 피로해지는 것으로 나타났
습니다.

DMN은 자동차의 공회전에 비유할 수 있습니다. 엔진이 완
전히 꺼지지 않아 언제든 출발할 준비가 돼 있는 상태를 말하
는 것이죠. 엔진이 켜진 것과 같으므로 DMN이 활성화된 상태
일 때는 뇌 에너지의 60~80퍼센트가 사용되고 있다고 합니다.

DMN이 활성화된 상태에서는 일절 가동되지 않을 때보다 뇌
가 신속하게 반응할 수 있어서 위기관리나 새로운 아이디어를
창조하는 데 효과적이라고 합니다.

또 DMN은 신체의 휴식과 기억을 정리하는 데도 효과적이므
로 꼭 나쁜 것만은 아닙니다. 그러나 그만큼 뇌의 에너지가 사
용되고 있으니, '몸은 쉬고 있지만 뇌의 피로는 풀리지 않는' 상
태인 것이죠.

휴일에 가만히 쉬는데도 왠지 모르게 피로가 풀리지 않은 적이 있지 않나요? 그럴 때는 아무것도 하지 않는 상태에서 DMN이 활성화됨에 따라 뇌가 피로해져서 몸의 피로도 풀리지 않는 것입니다.

가만히 쉬는데 왜
피로가 풀리지 않을까?

DMN이 활성화된 상태에서는 다양한 아이디어가 생기는 반면 불필요한 정보를 생성할 수도 있습니다. 가만히 있다 보면 잡생각이 들거나 불안감이 심해지는 것도 그야말로 DMN의 폐해입니다.

특히 힘든 일을 겪고 났을 때나 스트레스가 쌓였을 때는 DMN에 의해 부정적인 생각에 사로잡힐 가능성이 커집니다. 이럴 때는 멍하니 쉬기보다 뭔가에 집중하는 것이 좋습니다.

우울증으로 휴직이 필요한 사람은 집에서 멍하니 쉬거나 빈둥거리지 말고 시간이 날 때 산책이나 단순 작업 등 뭔가 가볍게 집중할 수 있는 일을 하는 것이 좋습니다.

DMN은 우리의 적이 아니므로 완전히 외면할 필요는 없습니

다. 다만 나도 모르는 사이에 피로가 쌓이지 않도록 무언가에

집중하는 시간, 몸이 휴식하는 시간 등을 의식적으로 전환해봅

시다.

비교하지 말고 동경하라

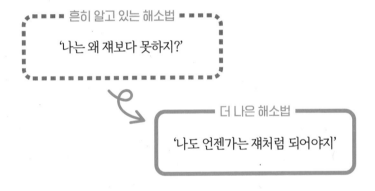

흔히 알고 있는 해소법

'나는 왜 쟤보다 못하지?'

더 나은 해소법

'나도 언젠가는 쟤처럼 되어야지'

요즘은 SNS를 통해 다양한 사람들의 일상을 볼 수 있습니다. 그와 동시에 주위의 화려한 삶을 보며 부러워하거나, 능력 있는 사람의 활약을 보며 열등감을 느끼는 경우도 많습니다.

이렇게 남과 비교하는 것이 마음 건강에는 부정적인 영향을 줄 가능성이 크다는 생각에, '남과 비교해서는 안 된다'는 조언을 많이 합니다.

그런데 남과 비교하는 것이 정말 안 좋은 일일까요?

물론 남보다 못하다는 생각에 의욕이 떨어지거나 열등감이 심해지면 안 되겠지요. 하지만 그런 경우도 내가 어떻게 받아들이는지에 따라 긍정적으로 바꿀 수 있습니다.

예를 들어 주위에 열심히 사는 사람을 보고 '나도 열심히 해야지'라고 힘을 얻을 수 있습니다. 화려한 삶을 보며 '나도 언젠가는 이렇게 살고 싶어'라는 동기부여가 된다면 남과 비교하는 것이 결코 나쁘다고 단정 지을 수는 없겠죠.

부정적인 생각이 들 때는
기지개를 쭉 펴라

그래서 남과 비교할 때는 자신의 멘탈에 악영향을 미치지 않도록 '효과적으로 비교하는 것'이 중요합니다.

다만 효과적으로 비교할 수 있느냐 아니냐는 그때의 정신 상태에 따라 크게 좌우됩니다. 내 기분이 처져 있을 때는 순풍에 돛을 단 듯 잘 풀리는 사람을 보면 아무래도 나의 처지를 비관하게 됩니다. 따라서 사고방식을 전환할 여유가 없을 때는 주변의 긍정적인 정보를 되도록 받아들이지 않는 것이 좋습니다.

정신 상태와 관계없이 평소에도 남들과 비교해서 자신의 처지를 부정적으로 바라보기 일쑤라면 오히려 사고방식을 바꿀 기회입니다.

비관적인 생각이 떠올랐을 때는 '또 부정적으로 생각했네. 어떻게 하면 사고방식을 바꿀 수 있을까?'라고 일단 부정적인 생각을 멈춰보세요.

그때마다 생각을 수정할 수 있다면 평소에 부정적으로 사고하는 버릇이 점차 개선될 것입니다. 근력운동이나 스트레칭처럼 반복하면 점차 효과가 나타나므로 반드시 습관으로 만들어봅니다.

수학이 싫다고
수포자가 될 수는 없다

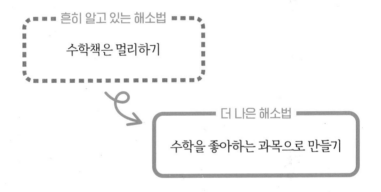

흔히 알고 있는 해소법

수학책은 멀리하기

더 나은 해소법

수학을 좋아하는 과목으로 만들기

이것은 모든 사람들에게 권장할 수 있는 방법이 아닙니다. 정신 상태가 안정돼 있고, 성장하고자 하는 마음이 큰 사람에게 권장할 만한 방법이라는 점을 미리 이해해주기 바랍니다.

누구든 주위에 불편한 사람이 있게 마련입니다. 그럴 때 우리는 '불편한 사람에게서는 멀어지는 것이 좋다', '스트레스를 주는 사람과 접촉하는 것을 피해야 한다'라는 조언을 듣습니다.

불편한 사람과 거리를 두는 것도 대체로 맞는 말이긴 하지만, 이번에는 발상을 조금 바꿔보겠습니다.

평소에도 늘 불편한 사람이 한 명쯤은 있을 것입니다.

그렇다면 그 사람이 왜 불편한지 자세히 생각해본 적이 있나요? 잠시 시간을 내서 생각해봅시다.

생리적으로 맞지 않는다, 말투가 거칠다, 자기 자랑을 많이 한다 등 여러 가지 이유가 있을 것입니다. 그다음에는 그것을 더욱 깊이 파고들어 봅니다.

생리적으로 왜 안 맞는지, 말투가 거칠거나 자기 자랑을 하는 사람이 왜 불편한지 말이죠.

직장 상사라서 싫은 건지, 똑같은 성격에 다른 사람이라면 어떨지, 그 사람이 어떻게 바뀌면 불편하지 않을지……

그동안 불편한 사람에 대해 이렇게까지 깊이 생각해본 적이 없을 겁니다. 왜냐하면 보통 불편한 사람하고는 거리를 두면서 생각하려고 하지 않기 때문에, 상대를 고찰할 기회가 거의 없으니까요.

그런데 불편한 상대를 깊이 고찰해보는 것은 사실 나에 대한 분석으로도 이어집니다. 내가 왜 불편하다고 느끼는지에 대한 정보를 미리 파악해두면 앞으로의 삶에 도움이 되기도 하죠.

불편한 사람은
수학책처럼

싫어하는 과목을 한번 예로 들어보겠습니다. 그 과목을 싫어한다는 생각에 사로잡혀서 공부를 하지 않으면 그 과목은 계속 못하게 됩니다. 하지만 싫어하는 이유를 분석하고 그것을 조금씩 극복하려고 노력하다 보면 싫어하던 과목을 잘하게 되고, 더 나아가 좋아하는 과목이 될 수 있습니다.

저도 중학교 때는 영어를 잘하지 못했습니다. 하지만 중학교 3학년 때 홈스테이를 통해 영어를 접할 기회가 많아지면서 영어와 마주하게 됐습니다. 그 결과 영어를 좋아하게 되었죠.

물론 대인관계에서는 이렇게 순조롭게 진행되지 않습니다. 불편한 느낌이라는 것을 막상 파헤쳐보면 선입견이거나 직감일 수가 있습니다. 이런 경우에는 실질적인 대책이나 교류를 통해 극복되기도 합니다.

따라서 불편한 사람을 마주하더라도 극복하기 위한 시련의

장이나 성장의 밑바탕으로 여기면 의외로 나에게 긍정적으로 작용할 수 있습니다.

그리고 막연하게 '저 사람은 불편해'라고 생각하기보다 '이 부분이 별로야'라고 정확하게 어떤 점이 안 좋은지를 인지해보세요. 그러면 마음도 더 차분해져서 냉정하게 대처할 수 있을 것입니다.

다만 처음에 주의했듯이 안정된 정신 상태와 성장하려는 욕심이 없으면 실천하기 어렵습니다. 그렇지 않은 사람은 불편한 사람 때문에 스트레스를 받지 않도록 거리를 두는 것이 더 낫습니다.

기대감이 없다면
관심도 없다

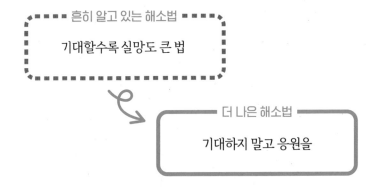

흔히 알고 있는 해소법

기대할수록 실망도 큰 법

더 나은 해소법

기대하지 말고 응원을

'남에게 기대하지 않기.'

이것도 요즘 흔히 듣는 인간관계에 관한 조언입니다.

'남에게 기대를 많이 할수록 실망도 더 크다', '슬픔, 분노 같은 인간의 감정은 타인에 대한 무의식적인 기대로 인해 생겨난다'는 의미에서 기대하지 말라고 하는 것입니다.

세상만사를 살펴보면 기대감 때문에 감정에 휘둘리는 일이 많다는 것을 알게 됩니다.

예를 들어 약속 시간에 늦은 사람에게 화가 나는 것은 상대가 시간에 맞춰 도착할 거라고 기대했기 때문입니다. 연인이 무심한 태도를 보여서 우울하다면 상대가 다정하게 대해주기를 기대했기 때문이죠.

어느 쪽이든 그 전제가 되는 기대감이 없다면 막상 예상치 못한 사태가 발생한다고 해도 그로 말미암은 충격은 조금 덜할 것입니다.

그렇다고 아예 기대하지 않고 사는 것이 좋은가 하면, 꼭 그런 것만은 아닙니다.

이 세상에서 기대감이 사라진다면 충격적인 일이나 그에 따른 슬픔은 줄어들지 모릅니다. 하지만 그만큼 설레는 기분이나 행복한 일도 사라지겠죠. 그러니 기대하지 않는 것이 아니라 기대하는 방식을 바꿔야 합니다.

기대할 때 중요한 것은 상대가 '이렇게 하기를, 이런 사람이기를' 바라지 않고, '아마 이럴 거야'라고 예상하는 것입니다. 이것은 상대에게 기대감을 품지 않고, 나의 예상에 기대하는 방식입니다.

예를 들어 내가 응원하는 운동선수의 활약에 기대를 걸고 있다고 합시다. 그 선수가 시합에서 제대로 활약하지 못했을 때 선수에게 비난의 화살을 돌리는 것은 상대에 대한 기대감 때문입니다. 한편 내 예상에 대한 기대를 했다면 그 선수가 제대로 활약하지 못했다고 해도 '내 예상이 빗나갔네'라고 넘어갈 수 있습니다.

단지 예상이
빗나갔을 뿐

흔히 올림픽이나 월드컵에서 자국 선수가 좋은 결과를 내지 못했을 때 비판이나 비난의 댓글을 쏟아내는 사람이 있는데, 이것이 바로 상대에 대한 기대감이 컸기 때문입니다.

어디까지나 자신의 예상에 대한 기대감이었다면 과하게 비난하지 않고 자기 예상이 틀렸을 뿐이라고 생각합니다. 이것은 '아예 기대하지 않는 것'과는 다르므로 기대하더라도 괜찮은 것이죠.

기대한 대로 되지 않았을 때 상대를 탓하는 것은 옳지 않습니다.

기대한 것은 내 의지이며, 상대가 그 기대에 못 미쳤다고 해도 어디까지나 내가 해결할 일입니다. 다음 예상을 수정하면 되는 것이죠.

내 예상을 수정해나가다 보면 점차 상대에 대한 적절한 예상의 폭이 생기고 충격받는 일도 줄어들 것입니다.

기대감은 허들에 비유할 수 있습니다. 허들이 너무 높으면 넘을 수 없고, 너무 낮으면 넘었다 해도 감동이 없습니다. 적절한 높이의 허들을 설정해 그것을 아슬아슬하게 넘었을 때 기쁨을 느끼죠.

사람마다 기쁨을 느끼는 허들의 높이는 다릅니다. 그것을 설정하는 것은 나에게 달려 있을 뿐 결코 상대의 문제가 아닙니다.

따라서 '기대감을 내려놓는 것이 중요하다'는 말은 꼭 그렇지도 않은 것이죠.

내 잘못이 아니야, 단지 운이 나빴을 뿐

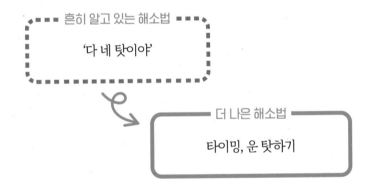

정신과에서는 '타책적(他責的)', '자책적(自責的)'이라는 2가지 상반된 용어를 사용합니다.

'타책적'이란 타인을 비난하는 것입니다. 무슨 일이 있을 때 남을 탓하는 경향을 말하죠. '자책적'은 자신을 비난하는 것입니다. 무슨 일이 있을 때 자신을 탓하는 경향을 말하죠.

정신질환 관련 연구에서는 자책적일수록 우울증 및 불안장애 등의 정신질환 위험률이 높아지는 것으로 나타났습니다. 업무상 실수를 저질렀을 때 '나는 뭘 해도 이 모양이네', '나 때문에 이렇게 됐어'라고 계속 자책한다면 당연히 우울해지고 자기 긍정감도 높아지지 않습니다.

그래서 저도 우울증을 겪는 사람에게는 '자신을 탓하지 마세요'라고 지도합니다.

그렇다면 자책적인 사람은 본인의 정신적 부담을 덜기 위해 타책적으로 변해야 할까요?

타책적인 사람은 업무상 실수를 저질렀을 때 '제대로 안 알려준 그 사람 잘못이지', '나는 시키는 대로 했으니까 내 책임이 아니야'라고 생각합니다.

이것도 그다지 바람직한 반응이라고 할 수 없겠죠.

타책적인 사람은 무슨 문제가 생겼을 때 내가 아닌 타인의 문제로 만들어버립니다. 그래서 업무상 실수를 저질러도 반성하지 않고, 그 경험이 본인의 성장에 보탬이 되지 않습니다.

게다가 타책적인 사람은 커뮤니티 내에서 문제를 일으키는 경향이 있습니다. 여러분도 '나는 아무 잘못이 없고 잘못한 건

○○다'라며 항상 남 탓을 하는 사람 때문에 고생한 경험이 있을 겁니다.

누구를 탓해야
기분이 풀릴까?

예기치 못한 문제가 생겼을 때 필요한 사고방식은 자책도 타책도 아닌 제삼의 방법입니다.

그건 바로 그 누구도 탓하지 않고, 타이밍이나 운을 탓하는 것이죠.

이 방법을 일컫는 정신과 용어는 없습니다. 하지만 타이밍이나 운을 탓해버리면 자책하고 풀이 죽을 일도 없을뿐더러 문제의 원인을 남에게 찾을 일도 없습니다.

자책하거나 남을 탓하는 것이 아니라 타이밍이나 운 등 자신이 통제할 수 없는 것들로 원인을 돌리면 자신이나 타인에게도 책임을 지우지 않겠죠.

물론 실수나 문제의 원인이 명확히 나에게 있을 때는 내 실수를 잘 돌이켜봐야 합니다. 자책은 안 되지만 자성은 바람직합니다.

스스로를 탓하기만 하면 마음이 조급해질 뿐이지만, 나를 돌이켜보며 같은 실수를 반복하지 않도록 대책을 세우면 나의 성장으로 이어집니다.

자책과 자성의 차이를 이해하고, 긍정적인 자성을 반복할 수 있는 사람이 됩시다.

막말 빌런은 말로 퇴치하기

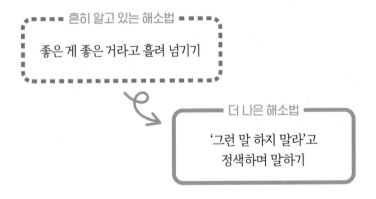

흔히 알고 있는 해소법

좋은 게 좋은 거라고 흘려 넘기기

더 나은 해소법

'그런 말 하지 말라'고 정색하며 말하기

살다 보면 불쾌한 일이나 충격적인 일을 종종 겪게 됩니다. 우발적으로 일어나거나 인식 차이 등으로 생긴 일이라면 어쩔 수 없는 일이라고 넘어갈 수 있습니다. 하지만 그중에는 의도적으로 괴롭히는 사람도 있습니다.

장난 수준의 일이 한 번 일어난 것이라면 크게 마음 쓰지 않고 금방 잊어버릴지도 모릅니다. 하지만 그게 몇 번씩 반복되거나 상대가 전혀 미안해하지 않는다면 기분이 나쁘겠죠.

회사나 학교에서 이런 일이 생겼을 때 직장 상사나 친구에게 의논하면 '그렇게 고민할 거 없어', '그냥 흘려 넘기면 돼'라는 말을 듣는 경우도 많을 것입니다.

하지만 그 말을 듣고서 '그렇긴 하지'라는 생각이 들까요? '고민이 되니까 의논하는 거지'라고 괜히 더 울컥하지는 않을까요?

이처럼 상대의 의도와 관계없이 불쾌한 행위를 계속한다면 흘려 넘기는 것이 아니라 내 입으로 분명하게 '노(No)'라고 말하는 용기가 필요합니다.

이를테면 상습적으로 성희롱 발언을 하는 상사가 있는데, 처음에는 그렇게까지 거슬리지 않았지만 거듭될수록 점점 혐오감이 커집니다. 상사가 '이 사람은 이 정도 발언에는 별말이 없네'라고 착각해서 성희롱 발언이 상습화되고 수위도 더 올라가기 때문입니다.

'하지 마'라는 말은
무례한 게 아니다

어느 정도 선에서 '노(No)'라고 하지 않으면 상사의 성희롱 발언은 개선되지 않을 것이고, 경우에 따라서는 더욱 심해질 위험성도 있습니다. 물론 상사에게 직접 말하기는 부담스러울지도 모릅니다. 하지만 이런 경우는 상대가 알아서 반성할 가능성이 매우 낮습니다.

따라서 농담으로 흘려 넘기지 말고 내 입으로 "그런 말을 들으면 불쾌하니까 하지 마세요"라고 솔직하게 얘기하는 것이 가장 올바른 대책입니다.

그럼에도 내 입으로 직접 말하기 어렵다면 회사 내에서 신뢰할 수 있는 사람과 의논해봅시다.

괜한 오해를 사지 않도록 불쾌하다는 감정을 분명하게 전하면서 조치를 취해달라고 확실하게 말합니다. 애매하다며 그냥 넘기려는 경우가 있으니 분명하게 전하는 것이 중요합니다. 정말 내 편이 되어주는 사람이라면 내가 불쾌감을 느끼는 것에 공감을 표하며 대책을 고민해줄 것입니다.

직접 얘기해도 상대가 달라지지 않거나, 신뢰할 수 있는 사람과 의논해도 상황이 나아지지 않는 경우에는 상대나 주변 환경에 문제가 있다고 볼 수 있습니다.

불쾌한 감정이 계속 남은 상태로 같은 곳에 있는 것보다 내 마음의 건강을 우선시해서 그 환경을 벗어나는 것이 장기적으로 좋을 것입니다.

불쾌한 일이 계속될 경우에는 '벗어나기'라는 선택지도 항상 염두에 두길 바랍니다.

고민이
습관이 될 때

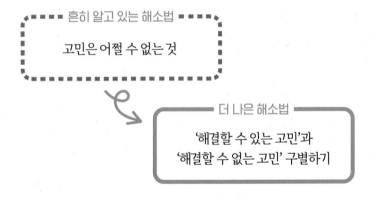

흔히 알고 있는 해소법

고민은 어쩔 수 없는 것

더 나은 해소법

'해결할 수 있는 고민'과
'해결할 수 없는 고민' 구별하기

우리가 살아가는 한 고민은 끝이 없기 마련입니다.

아무런 고민이 없는 사람은 없습니다. 건강, 인간관계, 직장, 돈, 인생……. 저마다 가지각색의 고민을 안고 살아갑니다.

물론 고민 자체는 나쁜 것이 아닙니다. 하지만 그 고민을 하는 방식에 따라 마음에 미치는 영향은 긍정적 또는 부정적으로 변할 수 있습니다. 그래서 고민이 생겼을 때는 먼저 그 고민이 누구에게서 비롯된 것인지 구별해야 합니다.

나에게서 비롯된 고민은 자신과 관계있는 무언가가 원인입니다. 이를테면 '살이 쪘다', '원하는 곳에 취직하기 어렵다', '모아둔 돈이 없어서 불안하다' 등입니다.

한편 타인에게서 비롯된 고민은 타인에 의해 발생하는 것으로, '상사의 갑질 때문에 힘들다', '연인과 사이가 안 좋다', '거래처 사람과 문제가 생겼다' 등입니다. 이것은 인간관계에 대한 고민이라고 할 수 있습니다.

먼저 나 자신에게 원인이 있는 고민은 보통 내 행동에 따라 상황이 개선될 가능성이 있습니다. 살이 쪄서 고민이라면 다이어트를 해서 해결할 수 있고, 직장과 돈 문제도 이직과 부업을 통해 상황이 나아질 수 있습니다.

한편 타인으로 인한 고민, 즉 인간관계에 대한 고민은 나 혼자만의 노력으로 개선할 수 없는 경우가 많습니다. 아무리 노력해도 상대가 나를 좋아하지 않을 수도 있고, 주위에 의논해도 상사의 갑질이 개선되지 않는 경우도 있죠.

고민하느니
하고 싶은 대로 해라

고민이 생겼을 때 중요한 것은 내가 행동을 개선했을 때 상황이 나아질지 아닐지 가늠해보는 것입니다. 물론 타인에게서 비롯된 고민이라도 내 행동으로 해결할 수도 있고, 자신에게서 비롯된 고민이라도 내가 해결할 수 없는 것도 있습니다.

내가 상대를 대하는 방식을 바꿨을 때 인간관계가 개선되는 경우도 있는가 하면, 나 스스로 어찌할 수 없는 병에 걸릴 수도 있습니다.

해결 가능한 고민이라면 뭘 어떻게 하면 좋을지 생각해봅니다. 그러면 고민은 그 순간부터 '해결 과제'가 될 것이고, 그다음에는 해결을 위해 움직이면 됩니다.

한편 해결하기 힘든 고민은 계속 붙잡고 있어도 해결 방법이 없으므로 고민하는 시간 자체가 아깝습니다. 하루빨리 고민을 떠나보내고 생각을 바꾸는 것이 낫겠죠.

아무리 열심히 노력해도 상대가 나를 좋아하지 않는다면 깨끗이 포기하고, 근무 환경이 언제까지나 개선되지 않는다면 이직을 생각해보는 것입니다.

고민하는 버릇이 있는 사람은, 해결 과제로 받아들일지 생각을 전환할지 분리해서 생각해봅시다. 그러면 고민할 일도 줄어들어 내가 할 일이 보이기 시작할 것입니다.

내가 문제가 아니라
주위 사람이 문제야

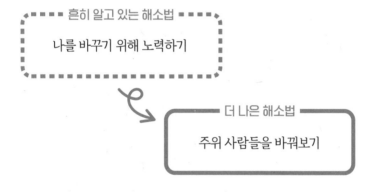

흔히 알고 있는 해소법

나를 바꾸기 위해 노력하기

더 나은 해소법

주위 사람들을 바꿔보기

소심한 성격, 부족한 자신감, 부정적인 사고방식, 낯가리는 성격……. '이런 내가 마음에 들지 않아, 나를 바꾸고 싶어'라고 생각하는 사람도 많을 것입니다.

그런 고민들을 털어놓으면 보통은 '타고난 성격은 쉽게 바꿀 수 없으니 받아들이는 게 중요해', '단점은 장점이 되기도 하니 오히려 잘 활용해봐'라는 조언을 합니다.

소심한 성격이나 부정적인 사고방식을 가지고 있더라도 관점을 바꿔서 생각해보면 신중함과 꼼꼼함 등 긍정적인 면이 있으니 억지로 바꿀 필요 없다는 뜻입니다.

사물을 보는 틀을 바꿔 다른 시점에서 바라봄으로써 단점을 장점과 이점으로 받아들이는 방법을 심리학 용어로 '리프레이밍(reframing)'이라고 합니다. 실제로 이 방법은 무언가 고민할 때 효과적이고, 저도 이 방법을 지도하기도 합니다.

그런데 리프레이밍이 쉽지 않거나 본인이 진심으로 성격을 바꾸고 싶어 하는 경우도 있습니다. 이럴 때는 어떻게 하면 좋을까요?

우선 성격을 바꾸기는 쉽지 않습니다. 동창회 같은 자리에 참석해보면 알겠지만, 일반적으로 사람들의 근본적인 성격이나 특징은 어린 시절과 변함이 없습니다.

다만 성격을 바꿀 방법이 없는 것은 아닙니다. 성격을 바꾸기 위해 가장 중요한 것은 행동과 환경을 바꾸는 것입니다.

좋은 사람 곁에
좋은 사람

여기에 더해서 중요한 포인트가 2가지 있습니다. 하나는 나에게 과제를 부과하는 것이고, 다른 하나는 내가 바라는 성격을 가진 사람을 가까이하는 것입니다.

우선 나에게 부과하는 과제는 성격을 바꾸는 데 필요한 행동을 찾아내고, 꾸준한 반복 훈련을 통해 몸에 익숙하게 만드는 것입니다. 이를테면 낯가림을 고치고 싶은 사람에게 부과할 수 있는 과제로는 '처음 보는 사람에게 먼저 말을 거는 것'입니다.

물론 처음 보는 사람에게 한 번 말을 걸었다고 해서 낯가림이 고쳐지지는 않습니다. 하지만 이것을 다섯 번, 열 번 반복하면 어떨까요? 아마 말을 걸기까지 시간이 차차 줄어들어 나중에는 긴장감도 사라지고, 최종적으로는 낯선 사람에게도 주저 없이 말을 걸 수 있을 겁니다. 그러면 낯가림은 극복됐다고 할 수 있죠.

'낯가림을 고치고 싶다'는 생각만으로는 결코 극복할 수 없습니다. 구체적인 행동을 반복하며 몸에 익힘으로써 확실한 변화를 실감할 수 있습니다.

또 다른 포인트는 내가 원하는 성격을 가진 사람을 가까이하는 것입니다. 인간은 주변 환경에 크게 좌우됩니다. 타고난 성격이 있는데도, 주변 환경에 따라 그 사람의 성격이나 행동이 달라지는 것을 흔히 볼 수 있죠.

원래 얌전한 성격이던 사람이 행실이 안 좋은 집단과 어울리면서 문제를 일으키거나, 공부를 싫어하던 사람이 주위에 성실한 친구들이 많아 공부하는 습관이 생기거나, 한량이었는데 가정을 꾸리더니 놀랄 만큼 정신을 차려서 열심히 살아가는 사람도 있습니다.

인격은 어린 시절에 형성된다고 하지만, 어른이 된 후에도 성격을 바꿀 여지는 얼마든지 있습니다. 학창 시절보다 사회활동을 하게 된 후에 자신의 주변 환경을 조성하기가 더 수월하기 때문입니다.

특히 요즘은 SNS와 인터넷의 발전으로 커뮤니티를 통해 서로 쉽게 연결할 수 있습니다. 이런 것들도 잘 활용해서 가능한 내가 이상적이라고 생각하는 성격의 사람들이 많은 환경에 자신을 놓아봅시다.

"당신은 함께 보내는 시간이 가장 긴 친구들의 평균이다"라는 말이 있습니다. 그만큼 주변 환경의 영향이 크다고 할 수 있습니다.

나를 바꾸기를 바란다면 생각만으로 그치지 말고, 진심으로 행동과 환경을 바꾸면 얼마든지 원하는 성격으로 바꿀 수 있다는 것을 기억하세요.

안 좋은 기분을 풀어보려고
이것저것 해봐도 소용없다면
방법이 잘못된 것이다.

'무엇을 하느냐'보다 '어떻게 하느냐'가
더 중요하다.

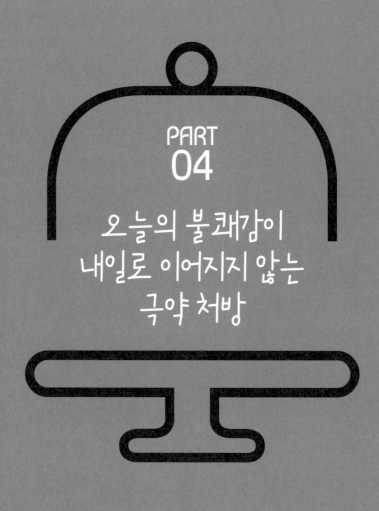

PART
04

오늘의 불쾌감이
내일로 이어지지 않는
극약 처방

나 같은 사람 중에서도
새로운 사람 만나기

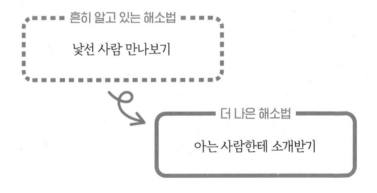

흔히 알고 있는 해소법

낯선 사람 만나보기

더 나은 해소법

아는 사람한테 소개받기

인간은 사회적 동물이기에 사람들을 만나지 않고 살아갈 수는 없습니다.

더구나 다양성이 중요시되는 요즘 세상에서는 되도록 많은 사람들을 접하는 것이 필요합니다. 늘 정해진 사람만 만나다 보면 시야도 좁아지고 새로운 생각을 배울 기회도 줄어듭니다.

다양한 사람들을 만나면 시야가 넓어지고, 커뮤니케이션 능력이 향상될 수도 있습니다. 그래서 저도 환자들에게 특정 커뮤니티에 국한하지 말고 폭넓은 대인관계를 맺으라고 권합니다.

하지만 아무나 만나라는 것이 아닙니다. 왜냐하면 세상에는 정말 다양한 사람들이 존재하기 때문에 내게 부정적인 영향을 주는 사람도 있으니까요.

기본적으로 성선설을 믿지만, 개중에는 의도적으로 공격하거나 부정적인 가치관을 강요하는 사람도 있습니다. 알고 지내는 사람들이 많을수록 아무래도 부정적인 영향을 끼치는 사람을 만날 가능성도 높아지겠죠.

'인맥을 맺거나 사람들을 만날 기회가 많으면 좋겠다!'는 생각으로 의욕에 넘쳐서 의심쩍은 교류회나 세미나 등에 이리저리 참가하는 사람도 있습니다. 그러다 수상한 사람에게 속아 넘어가거나 안 좋은 사업에 가담하는 사람들도 드물지 않습니다.

깊이 사귀지
않아도 된다 /

사람들과 교류를 늘리기 위해서는 내가 신뢰하는 사람의 주위에서 연결 고리를 확장해나가는 것이 중요합니다.

아예 모르는 사람들의 무리에 들어가는 것은 큰 용기가 필요한 일입니다. 하지만 신뢰하는 사람들과 연결되어 있다면 인맥을 쌓기도 쉬워지겠죠.

기본적으로 사람은 누구나 취미 또는 대화가 통하는 사람과 친해지게 마련입니다. 필연적으로 자기 주위에는 자신과 비슷한 특성을 가진 사람들이 모입니다. 주변 사람들을 믿을 수 있다면 거기서 연결된 사람도 대체로 믿을 수 있는 사람이고, 나와 비슷한 부분도 찾을 수 있을 것입니다.

상대가 나와 잘 맞지 않거나 조금 불편하게 느껴질 때는 자연스럽게 만나는 횟수를 줄여나가면 깊은 관계가 되지는 않을 것입니다.

그럴 때 다른 방면에서 인간관계를 만들어나가면 연결 고리도 점점 늘어나고, 부정적인 영향을 주는 사람과 교류하는 일을 피할 수도 있습니다.

사람과 교류할 때는 그 범위를 극단적으로 좁히지 않으면서 부정적인 영향을 주는 사람과 접촉하지 않는 것이 중요합니다.

물론 믿었던 사람에게 배신당하거나, 나중에야 첫인상과 전혀 다른 사람이라는 것을 알게 되는 등 피할 수 없는 문제나 갈등을 겪기도 합니다.

그럴 때는 속상해하거나 자신을 탓하지 말고, '사람 보는 눈이 없었구나'라고 반성하며, 다음 인간관계를 맺는 데 활용해 봅시다.

내 마음에 붙이는
포스트잇

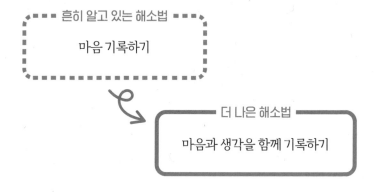

마음을 안정시키는 방법으로 '마음 기록하기'가 있습니다.

힘든 일이나 화나는 일이 있을 때 그러한 감정을 기록하면 마음을 안정시키는 데 도움이 됩니다. 기록을 하면 감정을 객관화할 수 있기 때문입니다.

슬픔과 분노의 감정은 뇌의 대뇌변연계가 관여하는데, 감정을 기록함으로써 뇌의 전두전야로 전환돼 감정을 들여다볼 수 있습니다.

다만 마음을 기록한다고 해서 무작정 써 내려가기만 해서는 효과가 없습니다. 예를 들어 단지 속상한 일을 써 내려가는 것은 '받아줄 상대가 없는 불평'이나 마찬가지입니다.

마음을 안정시키는 데 가장 효과적인 방법은 '왜 그렇게 느꼈을까'라는, 그 감정에 이르게 된 '생각'을 함께 기록하는 것입니다.

예를 들어 친구에게 기분 나쁜 말을 듣고 화가 나는 일이 있었습니다. 이런 경우 '단순히 화가 났다'라고 적지 않고 '왜 화가 났지?'라고 그때 어떤 생각이 들었는지 곰곰이 되새기며 기록합니다. 이를테면 '말투가 거슬렸다', '굳이 안 해도 되는 말을 했다' 등으로 이유를 생각해보는 것입니다.

그래서 화가 났어,

그래서……

이렇게 생각의 과정을 적는 것이 중요합니다. 기분이나 감정은 순간적이지만 거기에 이유를 달다 보면 그 상황을 한 발짝 물러나서 객관적으로 볼 수 있습니다.

이 단계를 거치고 나서 화났던 일을 돌이켜보면 '그렇게 화낼 일은 아니었어', '노골적으로 기분 나쁜 티를 낼 필요는 없었어'라고 반성하게 됩니다.

'화났던' 감정을 방치하면 화난 기억에 그치고 말지만, 마음과 생각을 기록하는 작업을 통해 '그렇게까지 화낼 필요가 없었던' 상황으로 바뀌는 것이죠.

최근에 있었던 짜증스러운 일이나 언짢은 일을 떠올려보시기 바랍니다. 그 이유까지 떠올려보니 조금은 보는 시선이 달라지지 않나요?

이 작업을 계속하다 보면 지금까지 반사적으로 울컥하던 상황에 대해서도 내성이 생겨 사소한 일로는 화가 나지 않게 됩니다. 즉, 스트레스가 쌓이지 않게 되는 것이죠.

이 방법은 분노뿐만 아니라 슬픔이나 불안 등 부정적인 감정을 완화하는 데 도움이 됩니다. 그러므로 뭔가 힘든 일이 생겨서 기분이 안 좋은 쪽으로 기울었을 때는, 잠시 시간을 두고 그 상황을 돌이켜보세요. 그리고 그때의 마음과 거기에 이르게 된 생각을 같이 적어봅니다.

잠시 후에 그 메모를 다시 봤을 때, '나는 이런 일로 감정이 격해지는구나'라는 것을 깨닫는다면 우리의 마음이 성장했다는 증거입니다.

부디 '감정'과 '생각'을 잘 나누어서 실천해보기를 바랍니다.

말만 해,
다 들어줄게

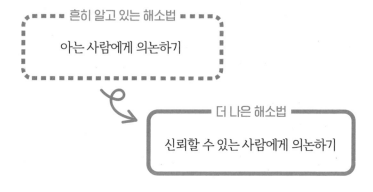

흔히 알고 있는 해소법

아는 사람에게 의논하기

더 나은 해소법

신뢰할 수 있는 사람에게 의논하기

적당한 불평은 괜찮다고 했듯이 내 이야기를 하는 것도 효과적인 스트레스 해소법입니다. 다른 사람에게 얘기하다 보면 기분이 누그러지고 생각을 정리하는 데 도움이 됩니다.

다만 주의해야 할 점은 의논할 상대를 고르는 방식입니다.

상담받은 경험이 있는 사람은 알겠지만, 상담사는 기본적으로 상대의 얘기를 가로막지 않습니다. 절대 부정하지 않고 상대가 숨을 고르는 순간까지 온전히 받아들입니다. 그러고 나서 깊이 파고들어야 할 부분에 대해 '왜 그렇게 느꼈나요?' '왜 그렇게 생각했나요?' 등의 질문을 던져 그 사람이 생각을 정리하도록 돕습니다.

상담에서는 기본적으로 본인이 원하지 않으면 상담사가 조언을 건네지 않습니다. 어디까지나 본인의 결단을 돕는 것이 상담사의 일이기 때문입니다.

물론 상담사와 같은 경청 전문가에게 얘기할 수 있다면 좋겠지만, 우리 일상에서는 지인이나 가족 등 가까운 사람에게 의논하는 경우가 많을 것입니다.

모두 상담사처럼 얘기를 잘 들어주지는 못해도 기분이 풀리고 생각이 정리되는 데 도움이 됩니다. 그러나 한편으로 얘기할 상대를 잘못 선택하면 부정적인 영향을 받을 가능성도 있습니다.

'그래서 어떻게 하고 싶어?'라고
물어주는 사람 /

특히 주의해야 하는 사람은, 말을 가로막는 사람, 기분을 부정하는 사람, 주관적인 조언을 하는 사람, 단정적으로 말하는 사람입니다.

남의 말을 가로막는 사람은 상대의 이야기를 듣기보다는 자기이야기를 하는 것을 더 좋아합니다. 이런 사람은 보통 말을 잘들어주지 못하는 편이므로 의논 상대로는 권장하지 않습니다.

또 기분을 부정하는 사람도 각별한 주의가 필요합니다. 무슨 일이 일어났을 때 내가 어떻게 느꼈는지에 대해서는 타인이이러쿵저러쿵 논할 일이 아닙니다. 그런데도 '그렇게 충격받을만한 일은 아니야'라고 하는 등 내가 느낀 감정을 부정하는 사람이 있습니다.

그런 사람과는 얘기해도 마음이 나아지기는커녕 비난받는듯한 기분까지 들 수 있으니 되도록 의논하지 않는 것이 낫습니다.

주관적인 조언을 하는 사람도 마찬가지입니다. 당사자의 입장에서 생각하지 않는 조언은 비현실적이고 실행하기도 어렵습니다.

단정적으로 말하는 사람도 주관적인 조언을 하는 사람과 비슷합니다. 세상일을 넓은 시야로 바라보지 못하는 사람이라고 할 수 있습니다. 고집이 세거나 의견을 굽히지 않는 성향이어서 의논하는 쪽이 더 지쳐버릴 가능성이 있습니다.

의논 상대로 적합한 사람은 '당신이 어떻게 하고 싶은지'를 존중해주는 사람입니다.

친구나 가족 등 가까운 사이라고 해도 의논하기에 적합한지는 별개의 문제입니다. 어디까지나 의논할 대상으로 적절한지 냉정하게 판단해야 합니다.

그 판단이 서면 스트레스가 쌓일 때 '그 사람한테 얘기해야지'라고 자연스럽게 얼굴이 떠오릅니다. 그러다 보면 혼자 애태우기 전에 그 사람에게 말하는 습관도 생길 것입니다.

'일찍 자요'보다는 '잘 자요'

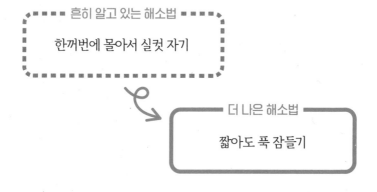

■■■■■ 흔히 알고 있는 해소법 ■■■■■

한꺼번에 몰아서 실컷 자기

더 나은 해소법

짧아도 푹 잠들기

가끔 넓고 따뜻한 침대에서 시간 걱정 없이 느긋하게 잘 수 있다면 정말 행복할 것 같다는 생각을 할 때가 있습니다. 꼭 해야할 일이나 시간의 압박을 전혀 느끼지 않고 충분히 자고 나서 일어나고 싶을 때 일어나는 것입니다.

하지만 현실적으로는 쉽지 않은 일입니다.

일이나 개인적인 일정에 쫓겨 정신을 차리고 보니 밤늦은 시간, 내일도 일찍 일어나서 출근해야 한다. 겨우 잠자리에 들어도 오늘 회사에서 저지른 실수가 머릿속에서 떠나지 않아 좀처럼 잠이 오지 않는다.

그런 나날이 이어지고, 수면 부족으로 업무에도 잘 집중하지 못했지만 어떻게든 일주일간 일을 잘 끝마쳤다. 그리고 드디어 내일은 기다리고 기다리던 휴일, '별다른 일정도 없으니 오늘은 정말 실컷 자야지'라고 의지를 불태운다. 그렇게 잠들어서 다음 날 일어나면 이미 오후 4시. 밖은 어둑어둑해지고 배도 고픈데 집에는 먹을 것이 하나도 없다. 밖에 사러 나가는 것도 귀찮다. 또 내일은 출근이다. 어쩌지? 너무 많이 잤는지 잠이 안 오는데…….

누구나 한 번쯤 이런 경험이 있을 것입니다.

수면에는 면역기능 향상, 기분 안정, 기억 정리, 피로 개선 등 여러 효과가 있습니다. 수면의 중요성은 아무리 강조해도 지나치지 않죠.

그렇다고 시간만 나면 무분별하게 자는 습관은 멈춰야 합니다.

중요한 것은 수면의 질과 리듬입니다. 수면의 질은 굳이 언급하지 않아도 되겠지만, 얕은 수면을 길게 취하는 것보다 짧게라도 숙면을 취하는 것이 중요합니다.

기본적으로 숙면에 따른 만족감을 얻을 수 있는 평균 수면 시간은 7~8시간이라고 알려져 있습니다. 이 시간을 기준으로 자신의 체질에 맞춰 증감하는 것이 좋습니다.

수면 시간은 너무 길어도, 너무 짧아도 몸에 좋지 않습니다. 따라서 시간이 날 때 몰아서 자는 것은 거의 도움이 되지 않습니다. 더구나 사람은 신체 기능상 '수면 저축'을 할 수 없습니다. 하루에 몰아서 자더라도 그동안 쌓인 피로가 풀리지 않는다는 것입니다.

**잠은 저축이
되지 않는다**

일상의 피로를 확실히 푸는 데 중요한 것이 수면 리듬입니다. 정해진 시간에 잠들어서 정해진 시간에 일어나는 생활 리듬이 이상적입니다. 하지만 직장이나 일 이외의 상황도 있으니 계속해서 일정한 수면 시간을 확보하기는 어렵습니다.

그러니 되도록 일어나는 시간만큼은 일정하게 유지하는 것이 좋습니다. 늦게 잠들더라도 일어나는 시간을 일정하게 유지하면 다음 날 최대한 일찍 잠들 수 있습니다. 가능한 하루 이틀 사이에 수면 리듬이 조절되는 것이 바람직합니다.

물론 알고 있어도 실천하기 어려울 때가 있습니다. 하지만 안정적인 수면 시간을 확보하다 보면 평상시의 마음가짐과 성과가 반드시 달라질 겁니다.

잠이 부족한 날은 업무가 순조롭게 진행되지 않을 뿐만 아니라 평소보다 기분이 엉망이 되고 마음에 여유가 없어집니다. 그만큼 우리의 일상에서 수면은 매우 큰 영향을 미칩니다.

휴일에 몰아서 잠만 자는 생활이 남 일 같지 않은 사람은, 먼저 일주일 정도 수면의 질과 리듬을 잘 살피면서 생활해봅시다. 그러면 우선 몸이 가벼워지고, 그로 인해 스트레스를 훨씬 덜 느낄 것입니다.

기분은 알코올을 타고 온몸으로 흘러간다

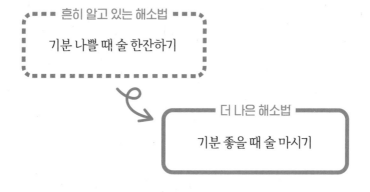

흔히 알고 있는 해소법

기분 나쁠 때 술 한잔하기

더 나은 해소법

기분 좋을 때 술 마시기

"오늘도 고생했으니까 한잔해야지!"

이런 장면을 영화나 드라마에서 종종 보곤 합니다. 실제로 많은 사람들이 스트레스를 풀려고 술을 마십니다. 술을 마시면 기분이 좋아지고, 그 순간만큼은 힘든 일을 잊게 되죠. 취기에 잠이 잘 오기도 해서 스트레스 해소에 효과적으로 보입니다.

하지만 사실 스트레스 해소를 위해 술을 마시는 것은 오히려 단점이 많습니다.

술에 만취하면 사고력이나 판단력이 둔해지므로 언뜻 고민을 잊을 수 있는 것 같지만, 어디까지나 일시적인 느낌입니다. 술이 깨서 정신이 들면 다시 현실에 맞닥뜨리고 더 울적해지죠.

술에 취한 상태일 때는 어디까지나 감각이 무뎌졌을 뿐, 본래의 감정이 사라진 것은 아닙니다. 그래서 '술을 마실 때는 잊을 수 있다'는 생각에 계속 스트레스를 받을 때마다 마시는 것은 위험합니다. 그러다 보면 알코올의존증에 걸리기 십상이죠. 특히 혼자 술을 마시는 습관이 있고, 힘든 일이 있을 때 유독 술을 많이 마시는 사람은 각별히 주의할 필요가 있습니다.

부정적인 감정을 완화하기 위해 술을 마시다 보면 점점 술에 의존하기 쉽습니다. 더구나 혼자 술을 마시면 음주량을 파악해서 자제를 시킬 사람이 없어서 금방 양이 늘어납니다.

술은 어디까지나 즐거운 기분을 더 즐겁게 느끼기 위한 도구로 활용해야 합니다. 물론 즐기기 위한 술도 그 양이 지나치면 숙취를 일으키거나 신체 질환의 원인이 되기도 합니다.

술을 마시고 신나게 놀던 도중에 필름이 끊겨서 실수를 저지

르고, 숙취가 심해서 만사가 귀찮아진다면 본말이 전도되는 셈이죠. 과도한 음주로 췌장염이나 급성 알코올중독에 걸릴 위험도 있으므로 어디까지나 술은 적당히 즐겨야 합니다.

내 마음을 100명이 다 알아줄까?

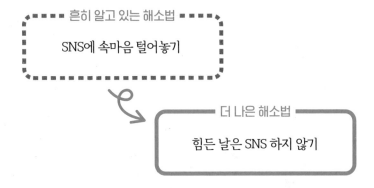

흔히 알고 있는 해소법

SNS에 속마음 털어놓기

더 나은 해소법

힘든 날은 SNS 하지 않기

요즘은 그야말로 SNS가 필수인 시대입니다. 내가 직접 게시물을 올리지 않더라도 뭔가 필요한 것을 찾거나 좋아하는 유명인의 소식이 궁금할 때 SNS부터 열어보게 되죠.

SNS가 일상이 됨과 동시에 SNS 관련 문제나 사고도 흔히 일어납니다. 저도 SNS 활동을 하고 있는데, 사실 SNS를 적절히 사용하면 얻을 수 있는 이점이 많습니다.

물론 SNS는 스트레스 해소에도 효과적입니다. SNS를 활용해 정신 상태에 좋은 영향을 주는 몇 가지 방법이 있습니다.

이를테면 신뢰할 수 있는 정신과 의사나 심리사의 유용한 정보를 참고하거나, 마음의 위로가 되는 동물 사진을 보거나, 마음이 차분해지는 글을 읽거나, 영상으로 함께 명상을 실천하는 것도 마음을 안정시키는 데 도움이 됩니다.

한편으로 조심해야 하는 것은 직접 게시물을 올리는 경우입니다.

직접 게시물을 올려서 같은 고민을 하는 사람을 만나거나, 응원 메시지를 받는 것은 좋습니다. 다만 SNS는 불특정 다수가 이용하므로 항상 내가 원하는 반응이 돌아오지 않을 수도 있다는 것을 인지해야 합니다.

댓글도 기분에 따라
다르게 해석된다

속상한 일이 생겨서 SNS에 털어놓았을 때 많은 사람들이 선의로 받아주면 좋겠지만 그중에는 당신에게 일부러 상처를 주려는 사람도 있습니다.

물론 요즘은 욕설과 비난 댓글에 대한 비판이 점점 거세지고 있습니다. 하지만 상대가 의도적으로 상처를 주지 않더라도 상처가 되는 발언을 마주하거나 뜻하지 않은 일로 충격을 받는 경우도 있습니다.

상대에게 악의가 없더라도 상처를 받게 되는 것은 SNS에만 한정된 일이 아닙니다.

특히 내 기분이 안 좋을 때는 사소한 일로도 상처를 받거나, 큰 문제가 아닌 일로 고민하기 마련입니다. 그래서 사람들이 건네는 말을 있는 그대로 받아들이지 못하고 긍정적인 글을 보면 자신과 비교해 오히려 풀이 죽어버리기도 하죠.

그런 경향이 있다면 마음이 힘들 때는 최대한 SNS를 들여다보지 않는 것이 좋습니다. 특히 게시물 작성은 자제해야 우울해질 가능성이 적습니다.

정신적으로 버거운 상황일 때는 무리한 도전을 해서 변화를 꾀하기보다 부담 없는 방법을 선택하는 것이 중요합니다. 이를 테면 잠시 가벼운 산책으로 기분 전환을 하거나, 신뢰할 수 있는 사람에게 얘기하는 등 지금보다 더 힘들어지지 않을 방법을 실천하는 것입니다.

　어디까지나 SNS는 내 마음이 괜찮을 때 이용하는 것이라는 점을 명심하세요. 그러면 불필요하게 다양한 정보와 게시물에 현혹되어 마음이 더 불안해지는 일이 없을 것입니다.

셀프 칭찬보다
셀프 선물

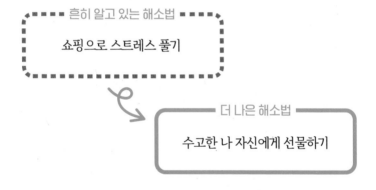

흔히 알고 있는 해소법

쇼핑으로 스트레스 풀기

더 나은 해소법

수고한 나 자신에게 선물하기

대부분의 사람들이 쇼핑을 좋아할 것입니다. 특히 여성들에게는 단번에 기분 전환이 되는 것이 쇼핑입니다.

평소에 가지고 싶던 것을 샀을 때는 무척 설레는 기분으로 지금 당장 집에 들어가서 사용해보고 싶죠. 쇼핑할 때 설레는 것은 뇌의 메커니즘과도 관계가 있습니다.

쇼핑은 쉽게 말해서 내가 원하는 물건을 손에 넣는 행위입니다. 인간은 원하는 것이 손에 들어오면 뇌에서 도파민이라는 신경전달물질이 분비돼 일시적으로 감정이 고양됩니다. 그래서 쇼핑하면 설레고 흥분된다는 것은 과학적으로도 증명된 현상입니다.

하지만 그 고양감은 어디까지나 일시적일 뿐 길게 지속되지는 않습니다.

그래서 쇼핑으로 스트레스를 풀려고 해도 그 효과는 금방 떨어지고 맙니다. 속상한 일이 있을 때 충동구매를 해버린 경험이 있을 텐데 충동구매는 부정적인 효과도 큰 행위입니다.

훗날 돌이켜보며 '이런 걸 왜 샀지'라고 후회하거나, 생각보다 돈을 너무 많이 써서 생활비가 부족해질 수도 있습니다.

이런 리스크를 생각하면 금전적으로 엄청나게 여유가 있지 않는 한 스트레스를 풀려고 쇼핑하는 것은 좋지 않습니다.

다만 충동구매를 자제한다면 쇼핑도 효과적인 스트레스 해소법으로 활용할 수 있습니다. 이때 중요한 것은 나에게 주는 상으로서 쇼핑하는 것입니다.

힘든 하루를 보낸 나에게

아이스크림 사주기 /

이를테면 '오늘 일을 잘 마치고 퇴근하면서 아이스크림을 사서 집에 가야지', '자격시험에 합격하면 나한테 주는 상으로 평소 갖고 싶었던 가방을 사자' 등입니다.

목표 달성을 위해서는 동기부여가 필요하고, 그것을 유지하려면 그 대가로 보상이 필요합니다. 자연스럽게 동기부여가 된다면 좋겠지만, 대부분의 경우는 뭔가 보수가 주어져야 하고 싶은 마음이 생깁니다.

평소에 나를 위한 보상을 준비하고 있지 않나요?

이처럼 외부에서 주어지는 보상을 얻기 위해 발휘되는 의욕을 '외발적 동기'라고 합니다. 이 외발적 동기를 자신에게 효율적으로 부여함으로써 더욱 목표를 달성하기가 수월해지는 것이죠.

타인이 부여하는 외발적 동기는 보상을 목적으로 행동하므로 효과가 떨어진다는 연구 결과도 있습니다. 하지만 나 스스로에게 상을 주는 것이라면 그럴 염려도 없습니다.

또 목표를 달성했을 때 뭘 살지 미리 설정해두면 과소비할 위험도 없고 후회할 일도 없습니다.

　이런 쇼핑의 효과를 잘 이용함으로써 스트레스 해소도 하고 동기부여도 할 수 있습니다.

　다만 목표가 지나치게 낮으면 동기부여가 지속되지 않고 보상의 효과도 떨어지게 되므로 주의해야 합니다. 적절한 목표 수준과 그에 걸맞은 보상이 주어져야 큰 효과를 거둘 수 있습니다.

엔도르핀과 세로토닌 방출하기

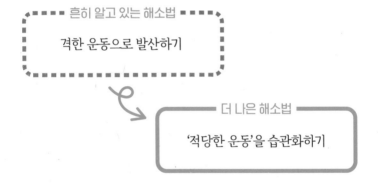

흔히 알고 있는 해소법

격한 운동으로 발산하기

더 나은 해소법

'적당한 운동'을 습관화하기

누구나 운동의 중요성을 알고 있지만, 실천하기는 쉽지 않습니다. 운동은 스트레스를 줄이는 데 효과적이라고 알려져 있습니다. 실제로 운동하면 엔도르핀과 세로토닌 등의 신경전달물질이 방출되어 심신이 안정됩니다.

또 '정기적으로 운동하는 사람의 행복감이 더 높다'고 합니다. '운동하면 사고력과 기억력, 집중력이 높아진다'는 연구 결과도 있죠.

그리고 적당한 운동은 수면에 도움이 되므로 건강에도 좋습니다. 다만 지나친 운동은 부상과 피로의 원인이 되고, 오히려 스트레스를 증가시킬 가능성이 있습니다.

운동하는 한 부상과 피로가 따르기 마련입니다. 평범한 직장인이나 학생은 운동으로 입은 부상이나 피로가 오래갈 경우 일상에 큰 지장이 생깁니다. 통근이나 통학이 힘들어지거나, 이전처럼 업무나 학업에 임할 수 없게 된다면 본말이 전도되는 셈입니다.

또 적당한 운동은 수면에 도움이 되지만, 자기 전에 운동을 지나치게 많이 하면 교감신경이 활성화되어 몸이 흥분 상태가 되므로 오히려 잠을 못 이루게 됩니다.

게다가 지나친 운동으로 몸에 큰 부담이 되면 몸속의 스트레스 호르몬인 코르티솔의 분비도 증가합니다. 코르티솔이 과잉 분비되면 스트레스를 더욱 유발하는 것이죠.

단 10분이라도

매일 하는 것이 중요 /

그러므로 운동을 습관화할 때는 '적당한 운동'을 유념하고, 운동 후에는 충분한 휴식을 취하는 것이 중요합니다.

적당한 운동이라고 하면, 개인차가 있겠지만 보통 일주일에 150분 정도 저강도에서 중강도의 유산소운동을 권장합니다. 이를테면 걷기나 조깅, 자전거, 수영 등이 좋습니다. 또 요가나 스트레칭 등 정적인 운동도 스트레스를 줄이는 데 효과적입니다.

운동은 스트레스 해소뿐만 아니라 심신 건강에도 좋습니다. 다만 몸에 부담이 갈 수도 있으니, 적당한 수준으로 올바르게 실시하는 것이 중요합니다.

스트레스를 푼답시고 갑자기 헬스장에 가서 고강도 운동을 하면 오히려 피로 때문에 스트레스를 더욱 유발할 수 있습니다.

'적당한 운동'을 일주일에 150분씩 하면 매일 할 경우 1회 20분 정도이고, 이틀에 한 번인 경우도 1회 30~40분 정도입니다.

이 정도면 무리 없이 시작할 수 있지 않을까요. 먼저 운동 습관을 들이는 것을 목표로 시작해보세요. 그리고 운동 습관이 들면 점차 단계를 높여나가는 것이 좋습니다.

엔도르핀은 케이크와 초콜릿을 좋아한다

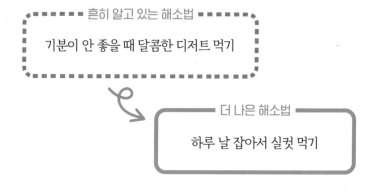

■■■■ 흔히 알고 있는 해소법 ■■■■

기분이 안 좋을 때 달콤한 디저트 먹기

더 나은 해소법

하루 날 잡아서 실컷 먹기

장시간에 걸친 작업이나 업무를 마치고 나면 으레 달콤한 디저트가 생각나곤 합니다. 이것도 뇌의 메커니즘으로 설명할 수 있습니다.

불안감이나 초조감, 긴장감 등을 느끼는 이른바 스트레스 상태에 빠지면 뇌에서는 엔도르핀이라는 신경전달물질을 내보내 스트레스를 완화하려고 합니다. 엔도르핀은 당분과 지방분을 동시에 섭취하면 그 양이 늘어나므로, 케이크나 초콜릿처럼 당질과 지질이 다량 포함된 음식이 먹고 싶어지는 것입니다.

특히 당질은 뇌의 직접적인 에너지원이기 때문에 장시간에 걸친 작업 등으로 피로할수록 우리의 뇌는 단것을 원하게 되어 있습니다. 또 단것을 먹으면 세로토닌의 분비량도 늘어나므로, 스트레스가 쌓였을 때는 본능적으로 달콤한 간식이 당기는 것이죠.

죄책감 없이
먹어보기

슬슬 피로가 쌓이는 오후 3시에 간식 삼아 단것을 먹는 정도라면 아무 문제 없습니다. 다만 그 양이 많아지거나 습관화되면 부정적인 영향을 미치기도 합니다.

부정적인 영향 중 하나는 죄책감을 느끼는 것입니다.

특히 여성들은 대체로 다이어트에 신경 쓰기 때문에 섭취하는 칼로리에 민감합니다. 그래서 단것을 많이 먹은 다음 돌이켜보면 몹시 후회되고 속상합니다.

모처럼 맛있는 간식을 먹고서 '또 먹다니……'라며 자신을 탓하기도 합니다.

또 당질을 과도하게 섭취하면 혈당치가 단번에 상승하고 그 후 인슐린이라는 호르몬에 의해 혈당치가 떨어집니다. 그때 혈당이 적정한 범위로 유지되지 않으면 또다시 혈당치를 올리기 위해 노르아드레날린이 분비됩니다.

이 노르아드레날린은 혈당 상승 작용뿐만 아니라 혈압과 심장박동수를 늘리고 동시에 긴장감도 높입니다. 스트레스를 풀기 위해 달콤한 것을 먹었는데, 반대로 스트레스의 원인이 되는 것이죠.

쇼핑과 마찬가지로 달달한 것을 많이 먹으면 일시적으로는 스트레스 해소가 되지만, 길게 보면 스트레스가 증가합니다. 따라서 스트레스가 쌓일 때마다 달달한 것을 먹는 습관은 좋지 않습니다.

단것을 섭취할 때는 후회하지 않을 만큼 적당한 양을 지키는 것이 가장 좋습니다.

그래도 도저히 참기 힘들 때는 '오늘은 그냥 걱정 없이 먹자!'라고 정하고 즐기도록 하세요.

몸무게를 감량해야 하는 운동선수나 다이어트 중인 사람도 좋아하는 것을 마음껏 먹는 치팅데이를 가집니다. 이처럼 죄책감을 품지 않고 마음껏 먹을 수 있는 날을 정해두는 것도 좋습니다.

돈으로 기분을 살 수 있을까?

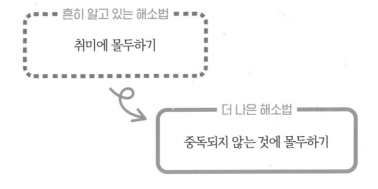

힘든 일이 있을 때, 스트레스가 쌓였을 때는 감정에 매몰되지 말고 다른 일에 주의를 돌리는 것이 좋습니다. 하지만 좋아하는 것을 원하는 만큼 하는 것이 좋기만 할까요? 그렇지는 않습니다.

산책이나 명상은 좋지만 과음, 폭식은 아무리 좋아하는 것이라도 적절하지 않습니다.

그렇다면 평소에 열중하는 것들은 어떨까요? 이를테면 좋아하는 게임, 스마트폰으로 SNS 하기, 만화책 보기 등입니다. 사실 이렇게만 보면 약간 애매한 느낌이 들 수 있습니다.

스트레스 해소법으로 적절한지 판단하는 포인트는 2가지입니다.

첫째는 의존성이 있는가, 둘째는 일상생활에 얼마나 영향을 미치는가, 하는 점입니다.

술이나 음식, 연애 등 의존증으로 이어지기 쉬운 것들은 비교적 구분하기 쉽습니다. 또 이런 것들이 마음 건강에 부정적인 영향을 미친다는 것도 쉽게 짐작할 수 있습니다.

하지만 취미나 오락은 판단하기 어려운 면이 있습니다. 이를테면 게임이나 SNS는 중독이 되기 쉬워서 문제이지만, 만화는 그렇지 않습니다.

게임은 안 되고
만화는 된다?

의존성의 정도를 가늠하는 포인트는 '사람 간의 소통이 있는
지', '정해진 끝이 있는지'입니다.

게임은 오프라인보다 온라인 게임에 의존하는 사람들이 압도
적으로 많습니다. 그 이유는 사람 간의 소통, 서로 협력하는 구
조가 보상을 기대하고 행동할 때 활성화되는 신경계(보수계)에
영향을 미쳐 도파민의 방출을 촉진하기 때문입니다. 마찬가지
로 SNS에 의존하는 것 또한 사람 간의 소통과 관계가 있습니다.

또 온라인 게임이나 SNS는 끝이 없는 경우도 많기에 시행 횟
수가 늘어나 의존하게끔 유도하는 구조입니다.

한편 만화나 애니메이션 등은 끝이 있고 내용이 달라지지 않
으므로 반복해서 읽거나 보는 데 한계가 있습니다. 그래서 만
화나 애니메이션에 열광적인 팬은 있어도 거기에 중독되어 빠
져나오지 못하는 경우는 별로 없습니다.

또 한 가지 중요한 포인트는 일상생활에 미치는 영향입니다.

스트레스를 풀기 위한 수단으로 무언가에 몰입한 나머지 일
상생활이 흔들려서는 안 됩니다. 일상에 영향을 주지 않는 방

법을 선택하는 것이 중요합니다.

격한 운동을 해서 다치거나, 쇼핑을 너무 많이 해서 생활비가 부족한 경우와 같이 일시적인 스트레스 해소 때문에 일상이 위협받는 일이 없어야 합니다.

스트레스 해소를 위해 산책을 많이 권장하는 것은 부담 없이 시작할 수 있기 때문입니다. 또한 부상이나 의존성의 위험이 낮고, 몸과 마음에 부정적인 영향을 주지 않기 때문입니다.

물론 산책 말고도 가볍게 시작할 수 있고 부정적인 영향을 주지 않는 방법이 있다면 기분 전환을 위한 루틴으로 추가해도 좋겠죠.

여행은 마음이 편할 때 떠나라

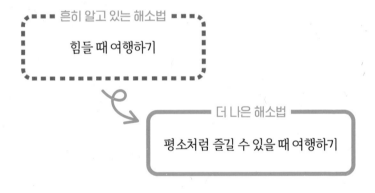

흔히 알고 있는 해소법

힘들 때 여행하기

더 나은 해소법

평소처럼 즐길 수 있을 때 여행하기

주말이나 연휴에는 어디론가 여행을 가는 사람들이 많습니다. 여행이 더 이상 특별한 이벤트가 아닌 시대가 되었습니다. 정보나 숙박, 교통수단 등 여행을 하기에 너무나도 좋은 여건이 마련되어 있기도 하죠.

국내외를 불문하고 여행을 하면 우선 새로운 문화를 접할 수 있어서 기분 전환이 됩니다. 늘 똑같은 일상에서 벗어나 신선한 자극을 받을 수도 있죠. 이처럼 여행은 여러모로 이점이 많습니다.

실제로 여행과 멘탈에 관한 연구에서 여행을 하면 스트레스 호르몬이 감소하고, 치매 예방 효과가 있다는 사실이 밝혀졌습니다.

여행을 좋아하는 사람은 지금처럼 편하게 여행을 즐기면 됩니다. 다만 여행을 계획하기 전에 한 가지 주의할 점이 있습니다. 바로 우울한 상태가 심할 때는 여행을 하지 않는 것입니다.

약간 활력이 떨어지거나 힘든 일을 잊고 싶은 정도라면 문제없습니다. 하지만 병원에서 진단받을 정도의 우울증이 있는 상태에서는 여행을 피하는 것이 좋습니다.

우울감을 안고
비행기를 타지 마라

정신과에서도 심한 우울 상태에서는 여행을 비롯한 기분 전환을 금하고 있습니다.

이유는 2가지입니다.

첫째는 단순히 여행 자체가 심신에 부담이 되기 때문입니다.

우울 상태가 심하면 애초에 의욕이 떨어지므로 외출조차 하기가 쉽지 않습니다. 그런 상황에서 평소에 가지 않는 낯선 장소에 가거나 여행 일정을 생각하는 것은 정신적으로도 당연히 부담이 됩니다.

둘째는 평소보다 더 즐기지 못한다는 것을 깨닫고 더 속상하고 우울해지기 때문입니다.

평소에 할 수 있는 일을 할 수 없게 되었을 때 정신적 충격은 생각보다 큽니다. 우울한 상태에서는 집안일을 하지 못하거나, 외출도 하지 못하고, 사람을 만나기도 힘듭니다. 할 수 없는 일이 늘어나는 것이죠.

'즐기는 일'도 마찬가지입니다. 원래 내가 즐기던 일을 마음처럼 즐기지 못하면 더욱 자신을 탓하게 됩니다.

뭔가 마음에 걸리는 일이 있을 때 눈앞의 일을 즐기지 못해 속상했던 경험이 있지 않나요?

이렇게 되면 우울증이 더욱 악화됩니다. 따라서 우울한 상태일 때는 기본적으로 휴식을 취하고, 내가 할 수 있는 일을 조금씩 늘려가는 것이 좋습니다.

'원래 우울증이 심할 때는 여행을 안 가지 않나요?'라는 의견도 있습니다. 이것은 자신의 의지로 정한 여행에만 해당하는 것이 아닙니다.

기운도 없고 울적해할 때는 주변의 친구나 가족이 '좋아지길 바라는 마음에' 여행을 데려가려고 합니다. 악의 없이 권하는 것이지만, 자칫 상태를 더욱 안 좋게 만들 가능성이 있습니다.

우울한 상태일 때는 기분 전환을 위한 여행을 피하는 것이 좋습니다.

병원에서 진찰받지 않으면 일시적인 우울감인지 우울 상태인지 구별하기 어려울 수 있습니다. 그럴 때는 평소 같으면 즐길 법한 상황을 즐길 수 있는지 판단해보면 됩니다. 기분이 나아지지 않는다면 일단 잠시 멈추고 휴식을 취하세요.

'이상하다'고 느끼면서 버티다 보면 어느새 심신이 피로해집니다. 그렇게 되지 않도록 내 마음에 귀를 잘 기울여보세요.

늘 하던 일을
격렬하게 더 하기

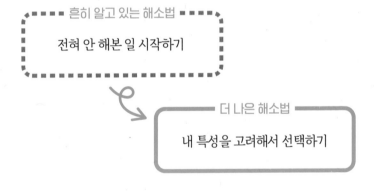

기분 전환이나 성장을 위해서는 '새로운 일을 시작하면 좋다'고
합니다. 하지만 꼭 그렇다고 판단하기가 매우 어렵습니다.

새로운 일을 시작하는 것은 장점도 있는 반면 단점도 있으니
까요. 애초에 그런 것과 '맞지 않는 사람'도 있기에 무조건 권장

할 수는 없습니다. 각각의 장단점을 이해한 후에 나에게 적합한지 판단해보세요.

먼저 새로운 일을 시작하는 것의 장점을 알아보겠습니다. 가장 큰 장점은 새로운 자극을 느끼면 지식이 풍부해지거나 기술이 향상된다는 것입니다.

이를테면 지금까지 해본 적이 없던 운동을 시작하기로 마음먹었다고 해볼까요? 그런 경우 먼저 운동 규칙을 익히고, 책이나 유튜브, 학원 등을 통해 운동하는 방법을 배웁니다. 그리고 실제로 직접 해보고 능숙해지면 시합이나 대회에 나가는 일련의 단계를 거칠 것입니다.

이 과정만으로도 생각하거나 외울 것이 많습니다. 더구나 평소에 잘 사용하지 않던 근육까지 쓰느라 뇌와 몸이 활성화됩니다. 새로운 일을 시작하면 생각이 유연해지고 새로운 기술을 얻을 수 있는 것은 장점이라고 할 수 있겠죠.

한편으로 단점은, 새로운 일을 시작하려면 어느 정도 기력과 시간이 필요하다는 것입니다.

마음을 다잡고 헬스장에 등록했지만 초반에 몇 번 가고 말았던 경험은 누구나 있을 것입니다. 영어 회화 공부를 시작했다가 금방 싫증이 나서 그만두기도 하죠.

뭔가에 도전하는 마음은 훌륭하지만, 도전만으로 끝이 나거나 꾸준히 지속하지 못하는 것에 속상해하면 모처럼 새로운 일을 시작해도 그다지 효과가 없습니다.

도전이 무조건
아름답지는 않다

새로운 것을 시작하는 데 서툰 사람도 있습니다. 장인 기질을 가지고 있어서, 여러 가지 일에 손을 대기보다 한 가지를 계속 파고들어 기술을 향상하는 것에 기쁨을 느끼는 사람입니다. 야구 선수 스즈키 이치로나 프로장기 기사 후지이 소타 등이 이런 유형에 해당합니다. 이들은 오히려 그 특성을 살려서 자기 능력을 더욱 발전시키는 데서 만족감을 느낍니다.

같은 일을 계속해야 마음이 가라앉거나, 이미 특정 행동이 일상의 루틴에 포함돼 있거나, 새로운 일을 시작하는 시간이 아까운 사람은 억지로 새로운 일을 시작할 필요 없습니다. 이런 사람들은 기존의 방법으로 기분 전환을 하면 됩니다.

저는 호기심이 많고 다양한 일을 시도하는 것을 좋아해서 이것저것 할 줄 아는 것은 많습니다. 하지만 장인 기질을 가지고 한 가지를 전문적으로 갈고닦는 사람이 부럽기도 합니다.

새로운 일에 도전하는 사람, 한 가지 일에 차분히 임하는 사람, 모두 각각의 매력이 있습니다.

특별히 새로운 일을 시작하려고 애쓰기보다 자신에게 더 잘 맞는 쪽을 선택하면 됩니다. 흥미가 생겼을 때 여유가 있다면 시작해본다는 마음가짐을 가지는 것이 좋습니다.

저녁을 위한
디카페인

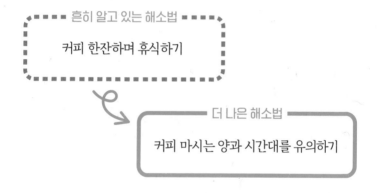

흔히 알고 있는 해소법

커피 한잔하며 휴식하기

더 나은 해소법

커피 마시는 양과 시간대를 유의하기

아침 식사와 함께 커피를 마시며 잠을 깨우고, 점심 식사 후 커피를 마시며 오후를 대비하고, 휴일에 카페에서 커피를 마시며 친구와 수다를 떠는 등 커피가 일상에서 빠질 수 없는 사람도 많을 것입니다.

커피에 함유된 카페인에는 집중력 향상, 피로 감소, 대사 촉진 등의 효과가 있습니다. 또 카페인 자체와 커피 향에는 진정 효과가 있어서 커피를 마시면 다양한 이점을 누릴 수 있습니다.

다만 커피를 비롯해 카페인이 함유된 음료는 섭취량과 섭취 시간을 주의해야 합니다.

카페인 섭취량이 과다하면 과잉 각성 상태가 되어 잠들지 못하거나 교감신경이 우위를 점해 가슴이 두근거리기도 합니다. 또 급격하게 양이 늘면 카페인 중독으로 이어져 최악의 경우에는 생명에 지장을 줄 수도 있습니다.

실제로 일본에서 연일 에너지 음료를 섭취한 20대 남성이 카페인 중독으로 사망한 사례도 있습니다.

그렇게 매일 대량으로 카페인을 섭취하는 사람은 드물겠지만, 일상적으로 커피를 마시는 사람이 주의해야 하는 것은 '불면'입니다.

불면의 위험성이나 수면의 중요성은 거듭 강조하는 것입니다. 불면 증세가 지속되면 낮 시간에 주의력과 집중력이 떨어져서 작업 효율이 낮아집니다. 생활 리듬의 불균형으로 생활습관병도 발병하기 쉬워져서, 잠을 제대로 못 자는 사람이 살이 더 잘 찐다는 데이터도 있습니다.

이렇게 안 좋은 점이 많은 불면의 원인이 카페인인 경우가 많습니다.

슬기로운
카페인 생활

따라서 카페인의 과다 섭취와 섭취 시간을 잘 지키도록 주의해야 합니다.

과다 섭취의 기준은 카페인 1일 섭취량인 총 400밀리그램 이상입니다. 커피로 치면 총 3~5잔 정도가 1일 섭취 기준입니다. 에너지 음료라면 더 적은 양으로도 그 기준을 넘을 수 있으니 주의해야 합니다.

또 카페인 반감기(섭취 물질이 체내에서 대사되어 체내 용량이 절반으로 줄어드는 데 걸리는 시간으로 약물 등의 효과가 지속되는 시간의 기준이 된다)는 5시간 전후라고 알려져 있으므로, 잠들기 5시간 전부터는 카페인 섭취를 피하도록 합니다.

예를 들어 보통 밤 12시에 잠드는 사람이 카페인을 섭취해도 괜찮은 시간은 오후 7시까지입니다. 저녁을 먹고 7시나 8시 사이에 마시는 커피는 수면에 영향을 줄 가능성이 있는 것이죠.

몸 상태의 변화를 느끼거나 잠을 설친 적이 없다면 문제없습니다. 하지만 늦은 시간에 커피를 마신 날은 왠지 잠을 설치는 것 같다면 자제하는 것이 좋습니다.

카페인도 알코올과 마찬가지로 그 사람의 기본적인 체질에 따라 효과의 차이가 있습니다. 카페인의 효과가 잘 나타나지 않는 사람은 과민하게 여길 필요가 없습니다. 하지만 카페인을 섭취했을 때 몸이 달라진다는 것을 느낀다면 평소 생활을 돌이켜 보고 카페인 섭취량과 섭취 시간을 잘 조절하는 것이 좋습니다.

마음도 마사지가 되나요?

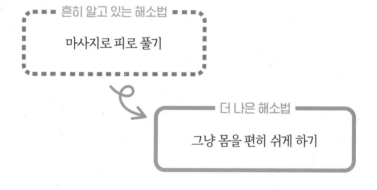

흔히 알고 있는 해소법

마사지로 피로 풀기

더 나은 해소법

그냥 몸을 편히 쉬게 하기

스트레스가 쌓이면 눈에 띄게 '피로'를 느낍니다. 몸이 무겁고, 어깨가 결리거나, 낮잠이 쏟아지는 등의 징후가 나타나는 경우도 많습니다.

바쁜 생활이 계속되다 보면 약간 여유가 생겼을 때 생각보다 피로가 크게 쌓였다는 것을 깨닫고 처음으로 스트레스를 인식하게 됩니다.

계속 바쁘게 지낸다는 것은 그 자체만으로도 심신에 부하가 걸린 상태라는 뜻입니다. 스트레스가 지속되는 상태이므로 피로가 뒤따르는 것도 무리는 아니죠.

그럴 때 피로를 풀기 위해 '마사지 받으러 가야지!'라고 생각하는 사람도 많을 것입니다. 다만 '피로'에도 몇 가지 종류가 있어서, 그것을 올바르게 판단하지 못하면 마사지의 효과를 보지 못합니다.

예를 들어 집중이 필요한 회의나 진급과 관련된 중요한 시험을 떠올려봅니다. 두 경우 모두 몸을 많이 움직인 것도 아닌데 끝난 뒤에는 녹초가 되지 않나요?

이런 고단함도 분명 피로는 맞지만, 이른바 몸을 혹사했을 때 생기는 육체적 피로와는 다릅니다.

불안이나 긴장, 압박감 등에 시달린 후 느끼는 것은 정신적 피로입니다. 육체적 피로와는 성질이 다르기 때문에 해소법도 달라지는 것이죠.

육체적 피로는 말 그대로 근육이나 관절 등 육체와 관련된 것으로 운동을 마치거나 몸을 혹사한 후에 나타납니다. 반면 정신적 피로는 뇌를 혹사하거나 수면 부족 상태가 됐을 때 나타납니다.

따라서 정신적 피로가 원인인 경우에는 피로 회복을 위해 마사지를 받으러 가도 그다지 효과를 보지 못한다는 것입니다.

물론 스트레스로 혈액순환이 잘되지 않거나 어깨나 목이 결리면 어느 정도 마사지가 도움이 되기도 합니다. 다만 정신적 피로를 줄일 목적이라면 마사지를 받더라도 생각만큼 피로가 풀리지 않을 수도 있습니다. 그렇게 되면 피로가 남은 상태에서 또 새로운 한 주를 맞이하게 될 수도 있으니 조심하는 것이 좋습니다.

정신적인 피로인 경우에는 일시적으로 뇌가 흥분 상태이거나 자율신경이 불균형한 상태일 때가 많으므로 마사지보다 생활 습관을 정비하거나 명상 등을 하는 것이 피로를 줄이는 데 도움이 됩니다.

한편 육체적인 피로는 근육이나 관절 등에 피로물질이 축적돼 있으므로 회복하기까지 어느 정도 시간이 걸립니다. 따라서 단백질을 많이 섭취하고, 다친 부분은 차갑게 찜질하고, 뭉친 부분은 따뜻하게 찜질하는 등의 방법으로 회복 시간을 단축할 수 있습니다.

어떤 종류의 피로가 원인인지를 확실히 구별하기는 어렵습니다. 2가지 모두 영향을 미치는 경우도 많으므로 피로를 느낄 때는 몸이 좋아할 만한 일을 해보는 것이 좋습니다.

기본적인 것이지만 영양가 있는 식사, 질 좋은 수면, 마음 편한 기분 전환 등이 피로를 완화하는 데 좋은 방법입니다.

내 기분과 정반대인 영화를 보지 마라

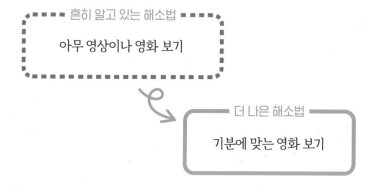

흔히 알고 있는 해소법

아무 영상이나 영화 보기

더 나은 해소법

기분에 맞는 영화 보기

요즘은 정말 많은 콘텐츠가 우리의 시각과 집중력을 끌어당기고 있습니다. 집에서 텔레비전과 DVD밖에 볼 수 없었던 시절에는 시간을 때우려고 그냥 아무 방송이나 틀어놓을 때도 많았습니다.

지금은 넷플릭스를 비롯한 구독형 동영상 서비스가 난립하고, 개인이 만드는 유튜브 영상의 수준도 높아져서 그야말로 볼거리가 넘쳐납니다. 엄청난 인기를 끌고 있는 틱톡의 숏폼을 보고 있노라면 시간 가는 줄 모를 정도입니다. 시간을 때우고 싶어도 더 이상 그럴 시간이 없는 상태인 셈이죠.

이번에는 스트레스 해소법으로 영상을 활용하는 방법을 알아보겠습니다.

여기에서는 굳이 '이런 영상은 안 보는 것이 좋다'라고 장르를 제한할 생각은 없습니다. 다만 영상을 시청할 때 한 가지 유의할 점은 '동영상을 보는 목적'입니다.

예를 들어 영화를 보는 경우는 액션 영화로 스릴을 느끼고 싶은 건지, 최신작을 보고 사람들과 대화를 나누고 싶은 건지, 아니면 감동적인 작품을 보며 감상에 젖고 싶은 건지를 인식하는 것입니다. 그 목적에 맞는 영화를 감상함으로써 멘탈에 미치는 영향도 더 긍정적으로 바꿀 수 있습니다.

억지 재미로
마음을 속이지 않기 /

인간의 뇌는 일관성을 중요시하는 구조를 갖추고 있어서 목적에 맞는 영상을 보면 그 효과도 커집니다. 따라서 속 시원하게 울고 싶다면 감동적인 작품을 보는 것이 좋은 선택입니다.

오히려 슬픈 기분일 때 내 마음을 속이려고 억지로 재미있는 것을 보면 반대로 기분이 더욱 안 좋아지는 역효과를 낳게 됩니다. 오락 작품은 내가 즐길 수 있을 때 즐기는 것이 좋습니다.

유튜브나 틱톡은 관련 동영상을 연달아 보게 됩니다. 이런 시간 낭비를 방지하려면 동영상을 왜 보는지 답할 수 있어야 합니다. 이 질문에 답할 수 없다면 일시 정지를 누릅니다. 그러면 시간을 낭비했다고 후회하는 일도 없을 것입니다.

저도 동영상을 무의식적으로 계속 보게 될 때가 있습니다. 그럴 때는 '요즘 어떤 영상이 인기를 끄는지 연구하기 위해서'라는 명목으로 보고 있다는 것을 인식합니다. 그러면 영상을 봤다고 후회하지 않고 오히려 리서치 시간이라고 긍정적으로 생각할 수 있습니다. 나에게 유리한 변명의 달인이 되는 것도 스트레스를 쌓아두지 않는 방법인 셈이죠.

LINEUP

외출을
루틴으로 만들기

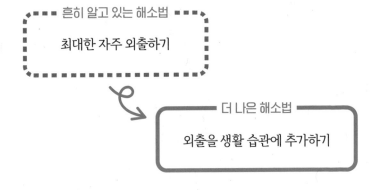

흔히 알고 있는 해소법

최대한 자주 외출하기

더 나은 해소법

외출을 생활 습관에 추가하기

스트레스를 해소하기 위해서는 몸을 움직이고 생활 습관을 정비하는 것이 중요합니다.

몸을 움직이려면 외출이 필요하다고 할 수 있지만, 외출만 한다고 다 좋은 것은 아닙니다. 외출하더라도 명심해야 할 점이 있고, 차라리 집에 있는 것이 더 나을 때도 있습니다.

먼저 중요한 2가지는 '가능하면 매일 한다' 그리고 '아침에 일어나서 환한 시간에 일찍 한다'는 것입니다.

이것은 생활 습관과 관련된 것입니다. 외출해서 햇볕을 쬐면 체내 시계가 리셋(reset)되고, 그 시간을 기점으로 잠이 오는 시간도 정해져서 생활 리듬이 조정됩니다. 따라서 아침에 일어나 환한 시간대에 일찍 외출하는 것을 권장합니다.

물론 실내에서 커튼을 열고 햇볕을 쬘 수도 있지만, 실외에서 받는 햇빛의 양이 압도적으로 많은 데다 몸을 움직이는 계기가 되기도 합니다.

평소에 지하철로 출근하는 사람은 집에서 역, 역에서 회사까지 가는 길에 햇볕을 쬐고 걸을 수 있습니다. 주로 재택근무를 하는 사람은 일을 시작하기 전에 가볍게 산책하는 습관을 들이는 것도 좋습니다.

매일 하기 어렵다면 쓰레기 버리는 날이나 우편물을 확인할 때 등 겸사겸사 다른 볼일과 함께 하면 장벽이 낮아집니다.

비타민 D

합성을 위한 외출

원래 외출하는 것을 좋아하지 않고 집에만 있는 것이 편한 사람도 있습니다.

외출을 좋아하지 않는 사람도 가능하면 정기적으로 외출할 기회를 만드는 것이 좋습니다. 그 이유는 장기적으로 봤을 때 장점이 크기 때문입니다. 특히 나이가 들었을 때 외출이나 운동 습관은 건강에 매우 큰 영향을 미칩니다. 외출이나 운동 습관을 들이면 치매 발병률이 낮고, 골다공증이나 로코모티브신드롬(locomotive syndrome, 운동기능저하증후군) 등에도 잘 걸리지 않는다는 데이터도 있습니다.

훗날을 위해서라도 지금부터 외출을 습관화하는 것이 중요합니다.

다만 외출하지 않고 집에서 지내는 것이 더 나을 때도 있습니다. 생활 습관이나 운동과 별개로 집에 있을 때 작업 효율이 좋은 경우입니다.

흔히 집에서 일하면 집안일이 자꾸 신경 쓰여 집중력이 떨어지기 쉽다고 하지만, 집 밖보다 집 안에서 집중이 더 잘되는 사람도 있습니다. 밖에서는 다른 사람의 목소리나 잡음이 신경에 거슬려서 일에 몰두할 수 없다는 것입니다. 조용한 집에서 집중이 더 잘된다면 일이나 작업을 할 때는 집에 머무는 것이 더 효율적입니다.

생활 습관이나 운동과는 별개이므로 작업에 집중하는 시간 외에는 되도록 외출할 기회를 만드는 것이 좋습니다.

금방 피곤해지는 사람이나 스트레스를 잘 받는 사람은 정기적으로 외출할 기회를 만드는 것만으로도 그러한 징후가 개선될 것입니다.

스트레스, 피할 수는 없어도
쌓이지는 않는다

책을 읽기 전보다 스트레스에 대해 더 잘 알게 되었다, 잘못된 스트레스 해소법이라는 것을 깨달았다, 새로 시도해보고 싶은 방법이 생겼다 등, 이 책이 어떤 형태로든 여러분에게 도움이 된다면 참으로 기쁠 것입니다.

하지만 실제로 얻은 지식을 활용하지 않으면 진정한 효과를 얻을 수 없습니다. 그러니 한 번 읽고 끝내기보다 마음에 와 닿는 내용을 돌이켜보며 내 일상생활에 적용할 부분이 없을지 찾아보세요.

아무리 야구 이론을 많이 알아도 배트를 휘두르지 않으면 안타를 치지 못하는 것처럼, 실천을 통해 점점 스트레스에 대처할 수 있을 것입니다.

기술이 발전하고 건강에 필요한 정보가 넘쳐나는데도 스트레스를 받는 사람은 왜 계속 늘어나는 걸까요?

　실제로 정신과에 진찰을 받으러 오는 사람도 매년 늘어서, 최근 15년간 정신과 환자의 수는 2배 가까이 증가했습니다.(후생노동성 '환자 조사' 결과) 그만큼 현대인은 스트레스에 취약해진 걸까요? 저는 스트레스에 민감해진 원인은 수많은 정보 때문이라고 생각합니다.

　인간의 생물학적 특징은 수렵 생활 이후로 크게 변하지 않았는데도 세상이 빠른 속도로 진화해서 그 격차를 따라잡지 못하기 때문입니다.

　본래 인간은 자신의 생명을 지키는 것이 무엇보다 중요하고,

거기에 적응하기 위해 몸이 진화해왔습니다. 수풀에서 위험한 동물이 나타나면 교감신경의 스위치가 켜지며 곧바로 도망칠지 싸울지 판단합니다. 멍하니 있으면 자신의 목숨이 위태롭기 때문에 위험을 감지하면 재빨리 반응할 수 있는 구조로 돼 있는 것이죠.

요즘 세상에는 도망치거나 싸워야 하는 상황은 거의 없습니다. 이를테면 직장에서 무서운 상사에게 혼이 난다고 도망치기도 어렵고, 그렇다고 한판 붙을 수도 없는 노릇이니 말이죠.

또 현대사회에서는 가만히 있어도 텔레비전과 스마트폰을 통해 스트레스를 주는 정보가 주입됩니다. 그때마다 교감신경이 반응한다면 당연히 몸도 마음도 지치고, 이러한 상황이 지속되면 몸 상태에도 악영향을 미치게 되죠.

애초에 생물학적으로 보면 스트레스가 장기간 지속되는 상황은 사전에 예상된 것이 아닙니다. 그래서 원래 스트레스에 대항하는 호르몬인 코르티솔의 분비가 장기화되면 오히려 마이너스로 작용하는 것이죠.

게다가 과거에는 커뮤니티가 한정적이었기 때문에 주위에 마음 쓸 일이 없었습니다. 배고프다, 화장실 가고 싶다, 덥다, 춥다, 졸리다, 이런 내 몸의 소리에만 귀 기울이면 문제없이 지낼 수 있었습니다.

하지만 현대사회에서는 일, 친구, 가족, SNS 등 자신 이외의 것을 생각하는 시간이 너무 많습니다. 혼자 있고 싶어도 끊임 없이 울리는 스마트폰 알림에 시간을 빼앗깁니다. 스마트폰을 하루 종일 보지 않더라도 나중에 보면 알림이 쌓여 있어 확인 하고 답장하기 바쁩니다. 이렇게 생활하는데 스트레스를 안 받 는 것이 신기할 지경입니다.

현대인이 스트레스를 잘 받는다는 것은 당연하다고도 할 수 있습니다. 하지만 반대로 좋은 점도 많습니다. 그것은 힘들다 고 털어놓을 데가 더 많다는 점입니다.

커뮤니티가 좁으면 상황에 맞추다가 속마음을 말하지 못하 기도 합니다. 하지만 요즘은 다양한 커뮤니티가 있으니 누군 가 내 이야기를 받아줄 가능성이 더 큽니다. 어쩌면 정신과 환 자의 수가 많아지고 있는 것도 단순히 정신적으로 힘든 사람이 늘어난 것이 아니라 실제로는 힘들 때 금방 의논할 수 있는 사 람이 늘어났기 때문인지도 모릅니다.

그렇다고 해도 속마음을 털어놓는 것에 거부감을 느끼는 사 람들이 여전히 많을 것입니다. 앞으로는 힘들다고 털어놓기 편 한, 나아가 주위에서 그것을 받아주는 너그러운 사회가 되면 좋겠습니다.

설령 스트레스를 피할 수 없다고 해도, 스트레스를 받았을 때 의논할 상대가 있다면, 누군가에게 위로를 받고 푹 쉴 수 있다면 스트레스는 거의 쌓이지 않을 것입니다.

요즘 세상을 '스트레스 사회'라고 부르기도 하지만, 장차 '릴랙스 사회'가 되기를 꿈꿉니다.

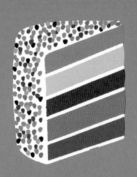

케이크 먹고
헬스하고 영화 보면
기분이 나아질 줄
알았다

초판 1쇄 인쇄 | 2024년 03월 13일
초판 1쇄 발행 | 2024년 03월 20일

지은이 | 멘탈 닥터 시도(Sidow)
옮긴이 | 이수은
펴낸이 | 정서윤

편집 | 추지영
디자인 | 지 윤
마케팅 | 신용천
물류 | 책글터

펴낸곳 | 밀리언서재
등록 | 2020. 3. 10 제2020-000064호
주소 | 서울시 마포구 동교로 75
전화 | 02-332-3130
팩스 | 02-3141-4347
전자우편 | million0313@naver.com
블로그 | https://blog.naver.com/millionbook03
인스타그램 | https://www.instagram.com/millionpublisher_/

ISBN 979-11-91777-64-2 03190

값 · 17,500원